これからの時代を
生き抜くための

資本主義入門

INTRODUCTION TO CAPITALISM

SHUNICHI MARUYAMA

丸山俊一

辰巳出版

これからの時代を生き抜くための資本主義入門

はじめに　隠された「欲望の物語」が資本主義を動かす

不透明感が漂う社会、渦巻く将来への不安……。

資本主義に対する限界論、そして、民主主義への失望。一方でＡＩが革命を起こす輝かしい未来への希望も語られながら、世界に目を向ければさまざまな地域で戦禍の時代に再び突入し、超大国・アメリカでは、国内社会の分断がかねてより叫ばれています。気候危機の問題も深刻度を増し、持続可能な社会のあり方をめぐって議論もされていますが、危機感は広がっても、展望は見えにくいのも実情です。

では日本の経済状況はと言えば、「失われた30年」からの脱出路が今一つ見えない中、株価はバブル以来の高値を更新、その後、乱高下。株高になっても、インフレと円安に苦しむ多くの人々……。なかなか将来への希望が持てずに、先行きが見えないと感じる方も多いのではないでしょうか？

すべてが、どこかちぐはぐな光景。21世紀に入り四半世紀も過ぎようとする今、20世紀末に「希望」として語られたことがいつの間にか色あせ、むしろ不安を煽るような皮肉な状況が生まれています。

そんな時代だからこそ、今に至るまでの歴史をあらためて大きく捉え直してみること、個人の問題意識と社会全体のあり方への疑問とをつなげて考えてみることが大事になってきます。今どんな時代、どんな社会に生きているのか？　僕らが立っている場所を今一度確かめながら、大局を捉えることです。自らの心の底に眠る思いと向き合いながら、この資本主義の構造をつかみ取りましょう。これからの時代に、確かな実感を持って歩いていくために。

本書は、この時代を生きる一人の個人として、この社会と、これからの時代の資本主義とどう向き合っていくか、考える試みです。「経済」の領域の問題を、思考のフレームを柔軟に広げ、さまざまな思想、ものの見方考え方をまじえて捉え直してみようと思います。時に哲学、社会学、社会思想、心理学、社会心理学、精神分析……、さまざまな知の可能性にも触れながら、錯綜する資本主義の今、現代社会の生きにくさの理由などを多角度から考え、対処するための発想法を提案したいと思います。同時に「経済学の巨人」たちの思想についても、その発想の原点に立ち返ることで、その本質的な可能性を引き出していきます。時に消費者として、時に生産者として、殊《こと》に労働者として、この変化し続ける資本主義のシステムとどのように付き合っていくべきか？　考えるためのヒントをお届けしたいと思います。

そのために、自由に、思いつくままに語りおろす構成をとることにしました。資本主義という山を前にして最短ルートを目指そうとするのではなく、むしろ想像力のままに少し寄り道も楽しみながら、ぐるりとまわりつつ登っていきます。時に横道にそれたり後戻りしてみたり……、語りの自由さを大事に、総体として現代の資本主義、社会のありようを捉えてみましょう。実はこうした感覚で、広い視野で、大きな展望を持つことが、「これからの時代を生き抜く」ためにも、豊かさをもたらしてくれるはずなのです。その理由も本文を読んでいただく過程で体感していただければうれしく思います。

僕自身は1980年代のバブル前夜に大学で「近代経済学」「マルクス経済学」に出合いました。それをきっかけに、「経済学」にとどまらず、哲学、社会学、現代思想などさまざまな領域にも触れ、理論と現実との思考の往復運動をするように現在に至っています。映像のディレクター、プロデューサーとして、企画開発、取材、制作の過程で、聖俗硬軟さまざまなジャンルにあって、現代の社会、歴史的な事象の別なく向き合うこととなり、現在も『欲望の資本主義』『欲望の時代の哲学』さらには『世界サブカルチャー史　欲望の系譜』など、「欲望」がキーワードとなる異色の教養ドキュメントの開発、制作を続けています。また大学を始め、さまざまな対話の場で、人間の本質、資本主義のメカニズムへの探究も行っています。

人間の欲望は不思議なものです。自分で自分が、本当に自分が望むものが、いつの間にかわからなくなる……。そんな皮肉な現象もしばしば起こります。その自分では気づかない、隠された欲望が実は「経済」行動も決め、「社会」の形も決め、人々の「心理」にも再び大きな影響を与えているとしたら。時代の底にある「欲望の物語」にいつの間にか囚われているとしたら。

殊に、デジタルテクノロジーが大きな変化をもたらした現代社会のシステムにあっては、人間の性《さが》が生む、隠された欲望とも言うべきものが奇妙なねじれを生み出すのです。

「欲望の物語」が動かす資本主義。

その本質をさまざまな角度から考えてみることで、これからの時代にも耐えうる、新たな視野を開きましょう。この変化の激しい時代だからこそ、俯瞰《ふかん》するまなざしを持ち、柔軟に考え続けることが大事になります。さまざまな事象をつなげ、想像力を解放させることで見えてくるビジョンから、時代と社会の問題を考えたいというみなさんに、僕なりの現代を読む仮説を提示したいと思います。

「経済」という領域にもともとあまり馴染みがないという方も、また「経済」を学んだ、関心があるという方も、どうぞ「経済」というその枠組みを外して、さまざまな固定観念から自由になって、思考の冒険に一緒に旅立ってくだされば幸いです。

資本主義を動かす「欲望の物語」とは？　すべてはここから始まります。

これからの時代を生き抜くための資本主義入門　目次

第1章

出口なき欲望の時代はいかにして生まれた？

ニッポンの戦後・三つのフェーズ

「やめられない、止まらない」が意味する表層と深層

「やめられない、止まらない」「欲望が欲望を生む、欲望の資本主義」

資本主義——。この言葉にみなさんはどんな定義を与えますか？

企業や個人が資本を持ち、利潤を求めて自由に市場で商業活動ができる経済体制、というのが、ひとまずの一般的な定義と言えるでしょう。ただし、現代では、その「資本」や「市場」の内実がいつの間にか大きく変わり、資本主義自体も変質、それにもかかわらず、みなそれぞれの解釈やイメージを持つことによって、議論がねじれ難しくなっている状況が広がっています。それはこの後ゆっくりお話しすることとして、ひとまず、参加者それぞれの意思による商取引を原動力とする社会システムであることには間違いがありません。その中心となる推進力である、人間の「欲望」に着目すること。ここから考え始めることから、『欲望の資本主義』もスタートしました。

「やめられない、止まらない」「欲望が欲望を生む、欲望の資本主義」

毎回このフレーズを番組冒頭に置くことで、僕らが住み、暮らしているこの社会の仕組み、

システムとは一体何なのか？　今この世界はどうなっているのか？　そもそも資本主義とは何だったのか？　こうした問いを、起業家や投資家からノーベル賞受賞の経済学者まで、世界経済のフロントランナーたちに投げかけることから始まったのです。

欲望とは、実に厄介な存在です。何かが欲しい。給料を上げたい。会社を大きくしたい。もっとお金が欲しい。そうした願い自体はシンプルに聞こえるかもしれません、その表面だけを見れば。しかし、「欲しい」「したい」というその上辺の単純明快さと裏腹に、現代の社会が高度に複雑化することによって、僕らの本当に欲しているものの本質は、実はかなり見えにくくなっているのではないでしょうか？

「強欲」とは異なるつかみどころのない「隠された欲望」の時代

２０１７年に『欲望の資本主義』の英語版を制作する話が持ち上がった時のことです。翻訳を担当してくれるネイティブ・スピーカーの方から最初に提案された「欲望」に対する訳語は、「greed」＝強欲というものでした。なるほど、無理もありません。すでに特にアメリカなどでの尋常ならざる格差が話題となっていた社会状況からすれば、一部の富豪、経営者たちの巨万の富を追求する姿勢を問題視する企画だと思われてもおかしくありません。むしろ、その受け取り方のほうが普通です。

しかしその言葉の選択で翻訳を進めてしまえば、本当に狙いとするところと大きく異なってしまい、誤った印象を生んでしまうと、僕はその時強く思ったことをよく覚えています。もちろん、何百回人生があっても使い切れない額のお金を得ても、さらなる利潤を求める人々への違和感とともに社会の格差を改善したいという問題意識もありましたが、単に欲にまみれ、飽くことなく利潤を上げようとする資本家を懲らしめようということを主眼としていた企画ではありませんでした。単に「強欲」を反省し、「欲望」を控え「堅実」に「清貧」に、という教訓を与えるかのようなメッセージを送るのではなく（それはそれで大切なことかもしれませんが）、状況はもっと複雑なのです。

もちろん「やめられない、止まらない」という言葉には、先に触れたように「利益を上げたい」「利潤を上げたい」「もっとお金を貯めたい」という、率直な表層に現れる「欲望」の意味合いも含まれています。しかし、「ポスト産業資本主義」と言われて久しい現代社会においては、欲望というものはそれだけを意味するものではなくなっているように思えます。ネット上でつながりたい、「いいね！」をもらいたい……、それも欲望です。人々の注目を集めたい、羨ましがられるようなライフスタイルを示したい……、それも欲望です。そこには、何か明確な目的や目標があって利益を上げたい、お金を稼ぎたいという欲望とは少し異なる、何かに駆り立てられてしまうような、物質的な満足がゴールとなるような類のものではない、もっと別の種類の欲望があるのではないか？　こうした問題意識から、単に「greed」＝強欲と訳してしまってはその「隠された欲望」は見えてこなくなってしまうのではないかと考えたのです。

さらに言えば、お金がない人が必死になるのはもちろんのことですが、お金持ちまで含めてあらゆる人々が駆り立てられるように、漠然と「やめられない、止まらない」という心理状態にならざるを得ないところに、現代社会に巣食う、底知れぬ不安感、虚無感のようなものを感じ取っていたことが、「欲望」という言葉に着目した原点でした。

あなたは自分の「欲望の正体」がわかりますか？

自分が、本当に欲しているのは何なのか？

現代人にとって、それは言葉で追い求めようとしても、実は答えることが難しくなりつつある問いになっているのかもしれません。「経済学」の領域にあっては、その多くのモデルが、この難しい問いはひとまず脇に置いて、すべてをお金に、数値に置き換えることで、人々の行動を計測し、「経済」現象を捉えようとしてきたわけです。市場という場で、みな、利潤を最大化すること、要するにお金を儲けることを目指すということを前提として。しかし、その前提は、スーパーで少しでも安く良い物をと買い物するような素朴な場では成り立つものの、先に挙げたように、他者のまなざしが行き交うネット上の行為、あるアイデアのようにそもそもその価値を客観的に測ることが困難な「商品」の取り引きにあっては機能しない場面も増えています。その結果、得体の知れない、正体をつかみにくい欲望の形が資本主義を動かし、資本主義もまた、そうした欲望を喚起するシステムになっているとしたなら、どうでしょうか？

2008年の映画『ダークナイト』の中に、悪役のジョーカーが、何の躊躇も迷いもなく札束の山を燃やしてしまう印象的なシーンがあります。アメリカン・コミックが原作の物語で、さすがに現実にこんなことはないのかもしれませんが、しかしこうした場面に、現在起きている事態の象徴的な意味合い、人々の心の底にある説明し難い感情、底知れぬ不安感などを読み取ることができるように思います。繰り返しますが、お金は誰にとっても大事なものであることに変わりはありませんが、今や合理的な判断、数量的な計測の枠からはみ出した、奇妙な欲望の形が生まれており、その静かな広がりを予兆しているように思います。

現代の欲望とは？　資本主義とは？

こうした問いを抱くことは、僕らは今、「どんな時代に、どんな世界に生きているのか」という、素朴でありながら、本質的な問いへとつながります。欲望の変化から起きていく社会の変容、富を生むルールの変更、人々の深層にある心理など、これらの問題意識が、『欲望の資本主義』シリーズ全体を貫くモチーフとなっていきました。

現代社会の様相、社会を形作っている「欲望」について、ひと言で括ることはできません。

第二次大戦後から、すでに80年近く経過し、その間、この日本を例にとってもいろいろなことがありました。ひとまずステレオタイプの整理をしてみても、焼け跡からの復興、高度成長、そしてオイルショックを乗り越えての豊かさ、その後のバブル崩壊、「失われた30年」とも呼ばれる停滞……と続き、生まれた時代、地域、環境などによって、みなさんそれぞれの現代日本への感慨、思いが渦巻くことでしょう。それと連動して、当然「欲望」の形も異なることでしょう。

今は一周回って「豊かさの中の貧困」が議論される時代になっていますが、とはいえ、明らかに戦後間もない頃や復興期などの欲望の形とは異なる様相があります。視界に入る多くの人々がみんな貧しいと感じられる状況で、なおかつスマホもゲームも、ネットもSNSもなかった時代と現代とでは、やはり人々の意識のありようは比べようもないのです。

人は他者との関係性の中で生きています。SNSによって友人たちの「豊かさ」を目の当たりにする時、それが演出だとわかっていても複雑な感情を抱く人も少なくないでしょう。多くの人々がデジタルテクノロジーの影響下にあって、利便性という恩恵と、裏腹にもたらされされた影の問題の中で抱える意識。そこに現代の資本主義の極めて特徴的な部分があると思いますし、もっと言えば、その欲望を資本主義の問題だけにして良いのかどうか、より現代社会そのものの特質にもつながってくる問いがあるのではないかと思います。この点を見据え、広い視野を持たなければ、現代の資本主義、ひいては現代社会の問題は見えてこないのではないでしょうか？

「夢」という物語が駆動する資本主義

『インセプション』からインスパイアされた欲望の「インセプション」

『欲望の資本主義』という番組企画の着想は、２０１０年、クリストファー・ノーラン監督の映画『インセプション』に出合ったことに端を発しています。この作品を初めて観た時、「これは現代社会論であり、現代資本主義論だ」と直感しました。

『インセプション』では、レオナルド・ディカプリオ扮する産業スパイが、企業の経営者たちの夢の中に入り込み、さまざまなアイデアを植え付けたり、盗んだりすることで物語が展開していきます。作品タイトルである「Inception」は、「物事の始まり」「始源」を意味します。他人の夢の中、深層心理に入り込み、その人の考え方を変えてしまうなど、ある意味荒唐無稽な物語展開で、ハリウッド的なエンターテイメント性も盛り込まれた作品なわけですが、その夢か現《うつつ》かわからない世界で悪戦苦闘するスクリーン上のキャラクターたちの姿は、実は現代社会に生きる僕らの姿をよく表しているように思えたのです。虚構のモデルだからこそ、リアルな構造が明快に迫ってくることがありますが、まさにそんな体験でした。

現代の高度化した資本主義社会に生きる僕ら自身、実は、ある種の夢を見せられているのではないか？　それはまるで「時代の夢」とも呼び得るようなもので、何らかの形でいつの間にか「時代の正解」として植え付けられているものがあるとしたら、それが人々の欲望の形をいつの間にか決めているとしたら……？　こうした問題意識を、この一つの映像表現の中から、一人の観客として勝手に読み取ってしまったのです。映画のテーマそのままに大きな問いの「始まり」となった、というところかもしれません。ノーランからのまさに「インセプション」でした。映像という、同じ表現手法で、あるテーマを消化するという意味でも、映画『インセプション』と『欲望の資本主義』発想の過程には、親和性があったと言えるでしょう。

こうしたセンスの延長線上でさらに妄想を膨らませるなら、欲望とは実体のない、フィクションの領域にあり、先の訳語についても、「強欲」というより、むしろfantasy＝空想としても良いのかもしれないとすら思いました。あるいはファンタズム＝幻想と捉えたらどうなるか、などさまざまな連想が働き、思考実験してみたくなったのです。確かに、資本主義を動かしている欲望の中には、未来への漠たる夢も含まれているのですから（それについては、資本主義の中心にある貨幣、お金という存在についても関わってくるのですが、この後、第3章や第5

章で触れることになります）。夢は、素晴らしい夢にも、悪夢にもなる可能性があります。こうして、一度空想の世界で抽象化してみることで、問題の所在を少しずつクリアにしていきました。映像から得た直感を、現実社会を読み解く問題意識へと育てていったわけです。

無意識のうちに、僕らは、僕らが生きる時代の中で課せられた夢の形によって駆り立てられるようにして、さまざまな行為をしているのではないか？　そう言えば、過去の映画作品の中にも、批評性のある暗示があります。一例を挙げれば、１９７８年の映画『ゾンビ』で、もはや人間性を抜き取られ意識をなくしているはずのゾンビたちが大挙してショッピングモールに押し寄せるシュールなシーンがあります。まさに当時の大量消費社会のありようを批評的に象徴していたわけですが、その延長線上に現代の流通、消費の世界も広がっています。いつの間にか思考停止し習慣化してしまう「消費」という行為。日々の仕事などの生産活動のみならず、スーパーやデパート、現代ではネットショッピングなどにおいても、時代が見せる夢、集団の幻想のようなものに駆り立てられているのが僕らの姿ではないか、そう考えると複雑な気分になりますよね。

ちなみに当初書き上げた番組企画メモのタイトルは、『欲望のインセプション』でした。時代が植え付ける「欲望」がテーマという含意がそこにありました。漠たるイメージ、夢のような着想から生まれた企画ですから、ＧＯサインが出るまで時間がかかりましたが、２０１６年に実現し放送後大きな反響をいただき、その後もこの原点の問題意識は変わることなく、時々の課題を織り込みつつ現在も企画は続いています。

欲望は「幻想」か？――無限回廊となった欲望

欲望＝ファンタジー／ファンタズムですから、「欲望が欲望を生む」というフレーズは、言い換えれば「幻想が幻想を生む」ということになります。経済活動にあっては、素朴な言い方をすれば、何か欲しいもののために働いてお金を稼ぎ、そのお金を対価として、対象物を手に入れることで欲望を満たすことが基本と言えるでしょう。たとえば、あなたが学生で留学をしたいという目標がある時、その実現のために100万円貯めるなど、具体的な行為に向けての欲望であれば、目標となる金額なども自ずから定まってきます。

しかし、現代の資本主義においては、そうした具体的な対象を持てないまま、漠然と経済行為に突き動かされてしまっている人、あるいは不安な心理状態にある人が増えてきているのではないか、そんな現象が目につくように思います。それは、もはやゴールなき時代の資本主義であり、ゴールなき社会であるとも言えそうです。すなわち、生きていく上での達成感や充実感を得られない多くの人々を生むことにもつながっているわけです。変化する時代を捉え対応しながら生き方を考えるのはむしろ楽しいことだと思いますが、流れの中で「やめられない、止まらない」という心理状態になってしまっては、幸せとは言えないでしょう。

産業革命以降、急速に発展してきた産業資本主義によって、人々の物質的な欲望＝欲求が満たされ、ある程度、物が多くの人々に行き渡る時代へと移り変わっていきました。その後、資本主義は新たなる市場の開拓に動き、さらなる差異を求めて、金融経済が高度に発達し、やがて「無形資産」という情報、ブランドなどの形のない資本とも言うべき対象への欲望を生み出していきます。これらもまた、夢であり、幻想の一部だという言い方もできるでしょう。夢が夢を生み、幻想が幻想を生む。そんな時代の資本主義、「ポスト産業資本主義」の潮流が人々の心を捉えている現代は、まさにゴールなき欲望の時代とも言えるでしょう。欲望それ自体が欲望を生み出すのですから、その欲望は満たされることを知りません。それは社会の中の、ある種の規範が失われていることを表しているのかもしれません。お金を貯める、増やすという行為が、自己目的化してしまっている社会になっているのではないかというわけです。

ゴール設定がある場合とは異なり、そのような欲望は、「出口なし」の欲望です。「なぜお金を貯めたいのか」と問うても「お金を貯めたいから」という答えが返ってくるようなもので、終わりのない「無限回廊」のような状態になっている人も少なくないように思います。「老後2000万円問題」という言葉も一時話題となりましたが、その見通しが事実か否か、どのような状況の誰にとって必要な額なのかどうかも冷静に議論される以前に、世の中全般に、漠然とした不安感がただ広がっている状況を示しているように思います。具体的な将来計画に基づいての目標ではなく、ただ「お金を貯めておかないとまずい」「お金は増やさないといけない」という強迫観念のようなものがそこにあります。将来への不透明感が不安を煽り、不安だから、とにかくみんなと同じだけの備えを、という、健全とは言えない心の循環構造が生まれ、欲望も社会も、非常に歪《いびつ》なものになってしまっているように感じます。

このような時代のルール／富のルールの変化を、数百年単位の歴史の中で見ていくことが、僕らが生きる今、現在のルール＝現代資本主義とは何かを考えるためにも重要になります。世界史規模でのルールの変化については、次章で詳しく見ていきたいと思いますが、本章ではより身近に、僕らが住み暮らす、日本社会の変化について、まずは考えてみたいと思います。

静かに進行する「資産の二極化」より怖い「意識の二極化」

このように現代社会の今を少し俯瞰で考えてみると、ある種の「二極化」の状況にあると言っても良いでしょう。社会における二極化というと、すぐに思い浮かぶキーワードは「格差社会」かと思いますが、実際の資産格差もさることながら、ここで考えてみたいのは、人々の間に広がる「意識の二極化」です。それは社会不安へとつながる要素をはらんでいるように思います。

「老後2000万円問題」という将来の不安に関する話に触れましたが、こうした「将来が不安でお金を貯めなければ」という漠たる感情からの欲望などではなく、喫緊《きっきん》の課題としてほとんど貯金がないなど、切実な明日の不安を抱える方もいらっしゃるわけでそこはもちろん考えねばならない問題ですが、ここにはもう少し別の心の問題もありそうなのです。目的もなく、出口もなく、もはや強迫観念のように、とりあえず経済活動のレースから降りられない感覚に囚われる人々が抱える迷いや不安をどう解きほぐすか？　こうした心理状態には資産の多寡などもはや関係ないかのようです。経済状況の二極化とは異なる形で、物事に対する思考、経済活動に対する考え方そのものが〝焦燥感にかられる人〟と〝心の安定を保てる人〟とに分かれてしまい、二つのありように分裂している二極化の状況が静かに進行しているように思えてなりません。

ある意味、こうした「意識の二極化」のほうが根深く、社会を分断させることにつながっていく危険を感じます。それは収入差や貯蓄額、資産額から見る格差のあり方とは、また別の捉え方をしなければ認識することができない「二極化」と言えるでしょう。

こうした状況に加えて実際に一方に数十億、数百億の巨万の富を持つごく少数の人々が、さらなる投資を重ねて数値の限りない上昇へと駆り立てられる数字のゲームに魅入られる現象があり、一方に多くの不安と不満を抱えた人々が、徐々にやりがいを失い、空しさを抱えることになっているとしたら。どちらも先に挙げたジョーカーの心理とある意味通底するかのような、心の臨界点を超えた、不健全な精神状態がそこにあるように思えます。目的なき欲望が行き交い、欲望が欲望を生み出し空転する中で人々が駆り立てられている背景として、複雑な二つの二極化が組み合わさって進行しているとすれば、それこそ、現代社会をより不安定にしている歪な状況ではないでしょうか。

このような現代におけるねじれ、分裂した状態がどのようにしてもたらされてきたのか？それを考えるために、戦後日本の経済の形を大きく振り返り、いくつかのフェーズがあったことを確認してみたいと思います。

戦後日本経済と社会のあり方を三つの変化のフェーズで捉えてみると……

1956年、1973年、1995年という分岐点

さて、欲望の形が変質し不安感とともに揺れている現代。では、今に至るまで、どんな変化

があったのか？　ここからしばらく、現代に至る戦後日本の経済の移り変わりと人々の欲望の変遷を考えます。

第二次世界大戦後、特に日本についてはよく言われるように、焼け跡からの復興へと向かう時、多くの人々の間である程度一つの共通する価値観が醸成されていたと言って良いと思います。二度と戦争は起こしたくないという強い思いとともに、戦禍の中から再び立ち上がるために頑張る、ある種の国民の一体感が１９６０年代くらいまでに作られていったのです。「豊かな国」アメリカに追いつき、追い越せ。戦争に負けたことを、今度は経済で取り返そうという意識が少なからず国民の支えになっていたという言い方もできると思います。

そうしたアメリカとの関係性を見直す気運の中、１９６０年には、日米安保条約の改定と調印に対する反発から、いわゆる60年安保の運動が高まります。60年代は、言わば「闘争の季節」です。60年代最後の年、69年の東京大学の安田講堂を学生たちが占拠した安田講堂攻防戦も非常に印象的ですが、60年も69年も流行語は、「ナンセンス」でした。抗議運動に参加する人々、反旗を掲げた若者たちが体制に突き付けた言葉が、時代を象徴しています。ちなみに学生運動は、その後、72年の連合赤軍によるあさま山荘事件のような凄惨な結末を迎えます。その翌年は、オイルショックという、戦後日本の高度成長が一時的に停滞へと陥る世界的なメルクマークもありました。そこから社会の構造自体も、そして、人々の意識の形も、戦後の最初の時期から変化していくのです。

たとえば社会学者の故見田宗介《みたむねすけ》さんは戦後の日本人の心性に着目して、１９４５〜１９６０年を「理想の時代」、１９６０〜１９７５年を「夢の時代」、そして１９７５〜１９９０年を「虚構の時代」と分類しています。１９７０年代の分岐点を、まさに「夢の時代」から「虚構の時代」へと変わっていく時期であると整理しているのですが、これは、ある意味、60年代までに生まれていた、国民の間にあった共通する感覚が、70年代に次第に変容していったことを示しています。

１９７０年代前半が大きな時代の転換点となっていた――、それは日本という国にとっても、一つの大きなわかりやすいポイントです。意識／無意識まで含めた人々の一体感のようなものと、欲望の形は大きく関わっていたのではないかと思います。つまり社会に影響を及ぼす人々に意識の変化が生まれ、この変化が、「富を生むルール」の変更を促したということです。

差し当たってここでは、見田さんの分類も参考にしながら、戦後日本の経済を、「富を生むルール」の変遷＝人々の意識の変化＝「欲望の物語」の変化という観点から、三つのフェーズに分けて考えてみることにしましょう。（図１）

第二次世界大戦の終結から、日本の戦後復興が進み、朝鮮戦争での特需を契機としていわゆる「神武景気」が１９５４年末頃から始まります。56年7月に発表された「経済白書」では、

【図1】戦後ニッポンの「欲望の物語」3つのフェーズ

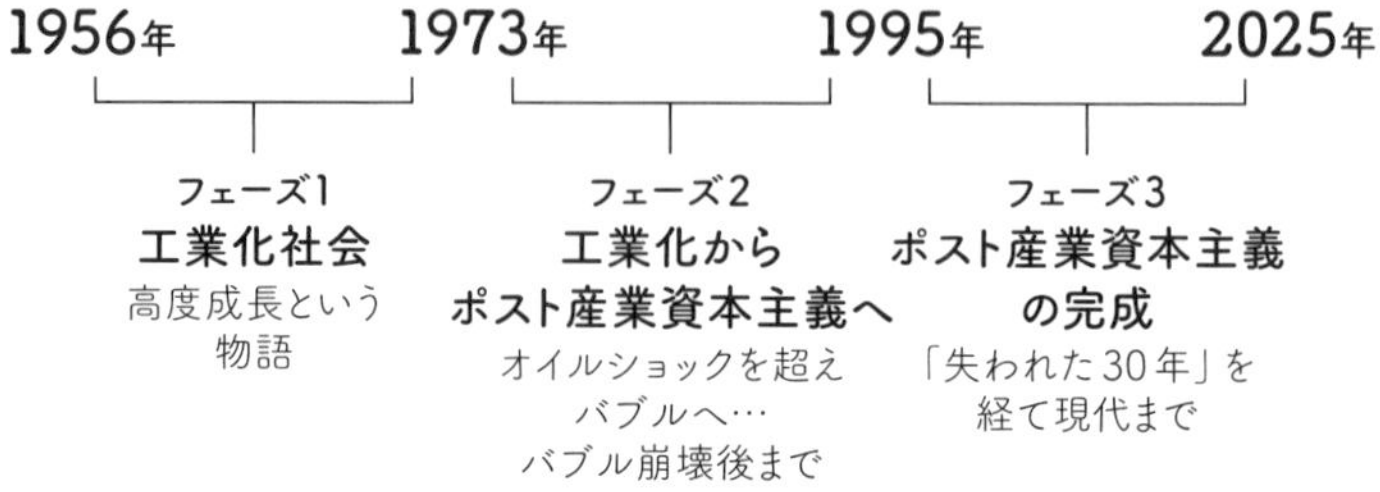

その経済的な一定の達成から「もはや戦後ではない」という言葉まで表記されるに至ります。この56年から第四次中東戦争をきっかけに起きた73年のオイルショックまでの時期を、高度経済成長の第一期と捉えられます。この間に池田勇人内閣における「所得倍増計画」や田中角栄首相による「列島改造論」などが登場し、日本中で開発が進み、それとともに経済も成長していった時代です。同時に、地価も物価も上がり、「狂乱物価」などという現象も生まれました。これを戦後日本の経済における最初のフェーズとしましょう。

二つ目のフェーズは、１９７３年から１９９５年までの間です。オイルショックの停滞から脱して再び経済成長が加速化し、「ジャパン・アズ・ナンバー・ワン」とも言われた、バブル経済を迎えるやや長いスパンとなる時代です。80年代の終わりにはベルリンの壁崩壊に端を発する冷戦構造の解体、そして90年代には日本のバブル経済の崩壊、その末期には１９９５年に阪神淡路大震災とオウム真理教による地下鉄サリン事件という象徴的な出来事が起こります。

三つ目のフェーズは、あえて大きく括ってしまいますが、1995年以降から今現在の僕らが生きている時代までです。1995年という年は、先述したようにさまざまな出来事が起きた年ですが、大惨事などとは別に社会に大きな変化を与えるきっかけとなった出来事を挙げるとすれば、windows95の登場だったと言えるのかもしれません。多くの人々が利用し、パソコンの普及に拍車をかけたこのOSの広がりが、その後のインターネット社会をもたらし、グローバリゼーションと呼ばれる時代を導くこととなります。

このようにおおまかに四半世紀くらいの単位で区切って捉え、これらの区分に基づくそれぞれの社会にあえて名を付けるならば、第一期がテイク・オフした工業化社会、第二期は工業化・産業化からある種のソフト化する社会への過渡期であり、第三期は完全にポスト産業資本主義社会と呼ぶことができると思います。

「高度成長」という物語の中で——第一のフェーズ1956年から1973年

まず1956年、「もはや戦後ではない」という「経済白書」の言葉で示される象徴的な年から始まる第一期について見ていきましょう。

このフェーズにおいて、極めて特徴的なのは、人々の消費の対象となった「三種の神器」の登場です。「白黒テレビ」「洗濯機」「冷蔵庫」の三つの生活家電が、戦後の高度成長時代に入った日本人たちの、まさに欲望の対象でした。言い換えればそれは、本当に生活に必要なものを買い揃えるということを意味していました。生活必需品に対する欲望と、そうした物質的な充足が、人々の夢であった時代と言えるでしょう。

現代の若者からすれば、そもそも冷蔵庫が一般の家庭に行き渡ってすらいなかった時代など信じられないかもしれません。敗戦を経験し、多くの家庭が貧しい中で、給料やボーナスが入ったら、一番に欲しいと思うのが、冷蔵庫であり、洗濯機であり、白黒テレビだったという、いわゆる「白物家電」が自分の家に来ることが夢であった時代が、確かにあったのです。

僕は１９６２年生まれですが、白黒テレビが家に来たのは、おそらく物心ついた頃、65年とか66年くらいのことだったと思います。その時は、アパートで近所の人たちがみんな集まって見にくるくらいでしたから、アパート内でもテレビを置いている家はまだそう多くはなかった記憶があります。工業化が進み、大量生産・大量消費が始まったこの時代、人々の欲望には、ある種の一体感がありました。自分の家も、隣の家も、次のボーナスで白黒テレビを買おう、冷蔵庫を買おうと目標が定まっていたわけです。多くの人々が同じ商品を欲しいと思い、共同体の中で消費活動が共有されることが共通体験となり、それが集団の運営、維持にも機能していたという言い方もできるのかもしれません。

そして１９６４年の東京オリンピックに向かって、好景気を迎え、日本経済はテイク・オフしていきます。高度成長の大きな物語は、東京オリンピックの開催によって、世界に日本の復興をアピールする形で結実していくのです。これはその後、過去を振り返る際に、汗と涙と栄光のイメージとして語り継がれ、ノスタルジーかき立てる国民的体験となります。実際、80年代半ばの世論調査でも、「あなたにとって最も記憶に残っている戦後の出来事は何ですか」という質問で最も多かった回答が64年の東京オリンピックだったという話もありますが、頷《うなず》けるところです。

先にお話ししたように１９６０年というのは、池田政権が所得倍増計画を打ち出した年です。実際、実質成長率・名目成長率は伸び、平均賃金も倍近くまで増え、目標の10年より早く67年には所得倍増は達成されることとなります。各家庭もお金を稼いで生活必需品を買い、生活の質を向上させていくという明確な目標があった時代です。それが各家庭にとっての幸福感にもつながり、人々の欲望と経済活動は確かに紐づいていました。

高度成長を続ける日本社会において、「三種の神器」が人々にあまねく行き渡った頃には、今度は「新・三種の神器」である３Ｃ（カラーテレビ、クーラー、カー）の需要が高まる時代へと入っていきます。ますます大量生産・大量消費が進み、まだまだ欲望の対象が人々の間で共有された「モノ」であった時代です。59年の皇太子御成婚の祝賀パレードの中継とともに白黒テレビが、64年の東京オリンピックの放送でカラーテレビが普及したというのは、ある意味、象徴的だったと思います。

製造業・工業が中心となる産業資本主義が成長していく中で、人々の夢の形は、生活を向上させる工業製品に凝縮され、こうした欲望の形が人々の間で共有され、さらなる成長を生んでいく——。物質的な欲求が満たされること——これがこの時代の豊かさの形であり、消費の形であり、欲望の形だったと言えるでしょう。

石油危機を乗り越える「ルール変更」——第二のフェーズ1973年から1995年

50年代後半から60年代を通じて高度成長の時代が続いていたところに、73年のオイルショックが起きることとなります。日本の工業化は、当然ながら石油産業がベースとなっていました。特に石油資源に乏しい国である日本では、オイルショックを通じて石油に対するコストが大きかったことがあらためて明るみになったとも言えます。結果、インフレーションが拡大しながらも実質賃金が上がらない、いまだかつてない景気後退と物価上昇が進むスタグフレーションが起きることとなりました。

もちろん、これは日本だけの問題ではありません。欧米を中心としたいわゆる世界の先進工業国も、1970年代には成長の壁に突き当たることとなります。ちょうど72年にローマクラブが『成長の限界』というレポートを発表し、環境問題に警鐘を鳴らしました。その結果、多くの国々で産業構造の転換期を迎えることになります。日本でも高度成長に向かってアクセルを踏み続け過ぎたゆえの影の部分が出てきます。イタイイタイ病、水俣病、新潟水俣病、四日市ぜんそくといった四大公害病に始まる、公害問題が噴出しました。その結果、高度成長期の反省モードも出てくる時代に入っていくのです。

しかし、ここがまた面白いところですが、資本主義は絶えず差異を求めて、新しいものを生み出そうとするシステムです。アメリカが主導となり、産業構造の変化が起こっていくようになります。言わば「富を生むルール」を、新たに作り出すことによって活路を見出すのです。それが今日まで続く、金融の自由化による金融資本主義の発達へとつながっていくことになるのでした。70年代の終わりから80年代にかけて、アメリカのロナルド・レーガンやイギリスのマーガレット・サッチャーらによる市場の自由化を加速するネオリベラリズムがより推し進められていきます。これまで工業製品を中心としたハードな商品の生産と消費によって成り立っていた高度成長の産業資本主義の時代から、ソフトやアイデア、サービスなどの商品へと人々の欲望が移り変わっていく転換点にもなりました。それは言い換えるならば、実体経済としてわかりやすい「三種の神器」「新・三種の神器」のような生活必需品＝モノが一定程度、行き渡った後の、その次のフェーズに入ったことを意味します。

物質的な商品への需要が飽和状態になりつつある時代に、新たにモノを売るためには、ブランド性などによって付加価値を生むことの重要性が問われるようになります。また、会社自体も「資産」であるというM&Aの考え方も広まり、金融市場の自由化に伴う金融商品の売り買いも盛んになっていきます。株式や債券を売り買いする投資信託などの商品が生まれ、さまざまなものが証券化できるという「発想」自体が、この時代から一気に人々の間に広がっていきます。工業化の時代がオイルショックによって行き詰まったのち、少しずつ物質的な商品ではなく、形のないものを商品化していく過渡期であり模索期が、70年代から80年代だと言えるでしょう。

やがて日本はバブル経済を迎えますが、そこでも人々の欲望は大きく変容することになります。

土地が商品になる時代——地価高騰と生まれたバブル

特に日本にあっては、土地が「商品」になるというイメージが多くの人々の心の中に生まれ広がっていったことが、一つの大きな時代の分かれ目だったのではないかと、思います。1980年代に喧伝《けんでん》された地価高騰は、噂が噂を呼ぶような状況でした。「ローンを組んででも早く土地を手に入れなければ東京にはもう住めない」。そんな言葉も聞かれる中、高騰する土地価格に、土地は「住むためのもの」ではなく、高く値が付いたら「転売するためのもの」というような感覚も人々の間に浸透していくようになります。土地を右から左に動かすことでお金は稼げるという、一つの物語が、新たな「富を生むルール」が生まれたのです。

今から振り返れば、まさにバブルの頃という話になるわけですが、昨日よりも今日、今日よりも明日とどんどん高値を呼ぶ状況に、人々の心も踊ることになったわけです。この流れに乗り遅れてはならないという時代の気分が多くの人々の心を支配し、そこから逃れるのは難しい空気が形成されていきます。これもまた、「やめられない、止まらない」の一つの象徴的な時代であり、時代の物語が形成されていく状況を表すものだったと言えるかもしれません。

ちなみに、20世紀を代表する経済学者ジョン・メイナード・ケインズは、歴史的な危機の時代の到来を直感した際に人々に警告を発した書の冒頭を、こんな一文から始めています。

自己の環境に慣れてしまう能力というものが、人類の顕著な一特性である。

（『ケインズ全集２　平和の経済的帰結』ケインズ著　早坂忠訳）

『平和の経済的帰結』は、第一世界大戦後の戦後処理として、その条件などが議論された１９１９年のパリ講和会議にあって、勝利したアメリカを始めとする連合国側が、敗戦国のドイツに対し法外な賠償金を課そうとする事態を批判するべくケインズが著したものです。戦争に負けた国の人々の窮状、心の底にある想いを汲み取れない傲慢さ。そして、そのことがどんな破滅の危険を招くか、想像できない指導者たちのメンタリティ。「喉元過ぎれば熱さを忘れる」ではありませんが、果実を手に入れてしまえば、どんなに苦労してそれを得たかも、どんな努力によってその豊かさが日常的に維持されているかもあっさり忘れてしまう人間という生き物について、辛辣《しんらつ》に語るところから始まるのです。実際、ケインズが憂慮したように、その後ドイツでは困窮からナチスが台頭しファシズムへと傾斜し、第二次世界大戦のホロコーストの悲劇にまで至ったことは、後の歴史が証明しています。

人間の「慣れ」、常に逆説的な要素を持つ人の心理というものについての考察が味わい深い名著ですが、この冒頭のケインズの言い回しを思い出すたびに、僕は、満員電車が急ブレーキで止まった瞬間の光景を想像してしまいます。そう、物理で学ぶ、慣性の法則です。電車が止まっても、乗客は止まれません。そのスピードに慣れてしまえば、止まれないのです。世の中の動きも慣れ過ぎて慢心してしまうことによって、時代の動きが変わった時には対応できず、混乱が生まれます。

特に日本社会においては、世間の空気を読みながら動く傾向が強いと言われますよね。「ご時世」という言葉が象徴するように、時代の空気、ストーリーが形成される中で、団地住まいに憧れ、不動産を買い、そして今は投資をするのが当たり前だということにもなります。みんな、それに「乗り遅れてはダメだ」と一気呵成《いっきかせい》に物事が進んでいく、というわけです。

80年代の地価高騰でも、「今土地を買わない奴はバカだ」と言われていたわけですが、時代が作る「これが常識」「これが当たり前」という物語の力は強く、そして恐ろしいものだと思います。

産業資本主義からポスト産業資本主義へ

当時はまだバブルという言葉は、ほとんどの人々の間で、あまり認識もされていませんでした。膨張し続けた泡が突然弾けた時になって、初めて人はそれが「バブル」＝泡のように実体がないものであると気づくのです。

いずれにせよ、構造的に捉えれば、戦後の日本経済の第二期は、工業化を中心とする産業資本主義から、よりソフト化を中心としたポスト産業資本主義へと転換していく過渡期だった、と位置付けられます。

戦後の高度成長の時期である第一期は、「次のボーナスでお隣のようにテレビを買って」と、子どもが両親にねだることで、多くの家庭の消費が促されていくシーンが目に浮かぶように、さまざまな家電製品が購入されていくことが、経済の推進力になっていました。しかし、70年代に入ると、時代の空気が変わります。「一家に一台」という駆け声に後押しされていた消費もひと息つき、農業人口も1割台にまで低下、親世代とは同居しない次男や三男は都市へと出て、核家族を形成するようになります。その結果、個人の趣味、嗜好に重きが置かれていく状況が生まれます。受験勉強する子どもも自分の部屋を持ち、自分だけのカセットラジオを聞くようになり、そのうちに子どもの部屋にもテレビが置かれ、テレビも一人一台というように、消費生活のスタイルも変化していくのです。

このように一定の水準まで、多くの家庭に、また個人にモノが行き渡るようになると、これまでの工業製品の競争も、単に機能による差別化だけではなく、そこにブランド性など、ある種の差異化した付加価値による市場の奪い合いが生まれます。その結果、70年代80年代には、イメージ、デザインなど、企業もさまざまなアイデアで消費者一人一人の心をつかむ商品の開発を目指すようになり、広告、宣伝によるキャンペーン競争も激しさを増し、商品にまつわるストーリーやイベント性などにも商品価値を見出すことが盛んに行われるようになり、その中で個人生活にもまた変化が起きることになっていきます。

73年のオイルショックをきっかけとする高度成長時代の終焉、その後の80年代の「バブル」の時代、95年頃までの「バブルの余韻」の時代……、この間の特徴は、差異化の競争の時代だったと言えるのではないでしょうか。

89年12月の日経平均株価は3万8915円と当時の史上最高値となりましたが、翌90年10月には2万円を割るという、ほぼ半分の水準にまで下落しています。あれだけ高騰した地価も、株価を追うようにして91年から急激に下落していきました。

バブルの崩壊自体はこの頃になりますが、あえて僕がこの第2のフェーズを1995年までとしたのは、この年日本社会の空気を一変させる出来事が立て続けに起きたからです。95年1月の阪神淡路大震災、3月のオウム真理教による地下鉄サリン事件、そして11月にその後の情報化社会の到来を象徴するようにwindows95の発売です。

「風邪すらも商品になる」差異化の時代――アメーバ資本主義

繰り返しますが、80年代は、これまでの物質的な消費だけでなく、形のないもの、サービスなどが、アイデア次第でさまざまな商品となり、あらゆるものが「売り物」になっていく時代です。従来といかに違うものを商品として、需要を喚起できるか。「差異」をいかに生み出すかが、資本主義と市場における基本となり、それが肥大していったのが、まさにこの時代だったのです。

それを前面に押し出したのが、当時の広告文化だったのではないかと思います。さまざまなコピーによって、商品そのもの以上にその商品が喚起するイメージなどが言語化され、それが消費者を動かす時代になっていたという言い方もできるでしょう。当時の資本主義の最前線で、さまざまな差異を生み出すために、日々格闘する表現者たちに光を当てた『広告批評』というユニークな雑誌も生まれています。創刊は、80年代前夜の79年のことでした。

当時の花形だったコピーライター、CMディレクターなどが次々に登場し、時代の空気を語り、文明批評を繰り広げる対談が毎回誌面を飾っていました。こうした雑誌が広く人気となっていたこと自体が時代を象徴しています。うろ覚えなのですが、ある回のクリエーター同士の座談に印象的な言葉がありました。二人が当時の広告について批評した後、その対談の最後は――確かどちらかが風邪を引いてらしたのだと思いますが――「風邪を商品として売買する時代が来るかもしれないね（笑）」という言葉で締めくくられていたのを覚えています。あらゆるものが商品化され、他の商品との差別化がなされる資本主義が行き着く、その「差異果て」にあっては、本来治療すべき対象であるはずの風邪のような「病気」ですら、他との比較において商品になりうる、というわけです。微熱がある状態、風邪を引いた時のあの気だるい感覚すら、アンニュイな気分を味わうための商品になってしまうという、ブラックユーモアです。

それは、思いも寄らない「マイナス」すら、差異さえあれば、そこに消費者に受け入れられる差異化された物語さえあれば、市場の「プラス」となりうる……、それが高度消費社会の資本主義だという比喩です。「マイナス」であっても、お金を支払う人さえいれば「プラス」に転化する――。資本主義というのは、本当に良くも悪くも強《したた》かであり、たくましいシステムだと思います。法に抵触さえしなければ、どんなものでも商品にしてしまえる自由があるわけです。

そうした意味で時の流れを俯瞰すると、たとえば「マッチング」という言葉も現代においてはもはや普通に使われるようになりましたが、需要さえあれば、つまりお金を出す人さえいれば、何でもそこに売買が成立するという感覚や価値観はこの時代に急速に強まり広がっていったと言えるのかもしれません。「時代のオフサイドライン」は、人々の気分、社会の空気で揺れ動いていくものです。

この時代の空気を感じながら僕がよく考えていたのは、「資本主義とはアメーバのようなものだ」ということでした。定まった形がないがゆえにさまざまに変形しながら、それまでの市場の網からは零《こぼ》れ落ちていた、その隙間に入り込み、市場の外部にあるものを積極的に取り込んでは、市場の内部における差異として売り出していく……。当時まだ学生だった僕は、こうした雑誌に踊る言葉に想像力を刺激されながら、資本主義にSF映画のモンスターやエイリアンのようなイメージを勝手に重ねていました。

ある「切断」以降の日本——第三のフェーズ1995年から現在に至るまで

さて、こうして1995年以降、第三期に入ります。いよいよポスト産業資本主義の論理が全面化し、現代につながっている時代です。

先ほどもお話ししたように、95年というのはWindows95の登場という象徴的な出来事からもわかる通り、インターネット、ITの普及によって、デジタル世界が多くの人々に馴染み深いものになっていく時代、デジタル資本主義がいよいよ広がっていく時代です。デジタル化によって金融工学も勢いを増し、日経平均株価、株の取引などもネット証券などが広がっていくにつれ、少なからぬ人々にとって、日常的で身近なものとなっていきました。情報通信技術の発展によって、人々の意識も徐々に変わり、産業構造もさらに変わっていったのです。

モノによる豊かさをある程度実現した社会は、工業化の時代のモードから、情報・サービスが富の源泉となる枠組みへと変わり、資本主義の推進力も、金融、ブランド、アイデアなど、ある意味デジタル技術によって表現される、想像力の世界に見出されていくようになっていきます。この、ソフト、アイデアなど無形のものに価値を見出す動きは、ITの進展とともに、「無形資産」と呼ばれるような領域への投資の増加によって、さらに加速されていきます。「有形」から「無形」へと富を求めていく大きな潮流の変化の中を、僕らはずっと航海してきているという言い方もできるのかもしれません。

この「無形」の資本を求める時代が見せる、第三期の「夢」であり「幻想」であり「欲望」についてあらためて考える時、第一期の頃における夢とはまるで別物であるという点を踏まえなければならないでしょう。第一期から第二期、第三期と三つのフェーズで戦後の流れをざっと概観するだけでも、数十年単位で、明らかに僕らが生きる経済、社会の様相、「富を生むルール」はいつの間にか変化してきているのです。

ちなみに2021年に岸田文雄首相は、本章の区分でいう第一期において池田勇人首相が推し進めた「所得倍増計画」にアイデアを得て、「令和版所得倍増計画」を打ち出しましたが、1960年代の工業化社会と、脱工業化社会以降にある2020年代の現代では、その初期条件も、産業構造も、人々の心のありようも、当然ながら大きく異なります。今後も「新しい資本主義」のようなパラダイム転換を模索するプロジェクトが打ち出されていくと思いますが、技術や産業構造の変化はもちろん、時代の潮流の変化や、その背景にある人々の意識の変化を読み込んだ上で、柔軟な思考と大胆な発想の転換が必要となることでしょう。

産業の変化は、如実に人々の夢＝欲望の形の変化を表しています。事実、すでにお話ししたように第一期の工業化に基づく高度成長時代においては、「三種の神器」「新・三種の神器」という生活必需品が人々の夢だったわけです。当時は、生活そのものを成り立たせるための機械製品などが一も二もなく求められていた状況がありました。それは、言い換えれば生物として

【図2】マズローの欲求五段階説

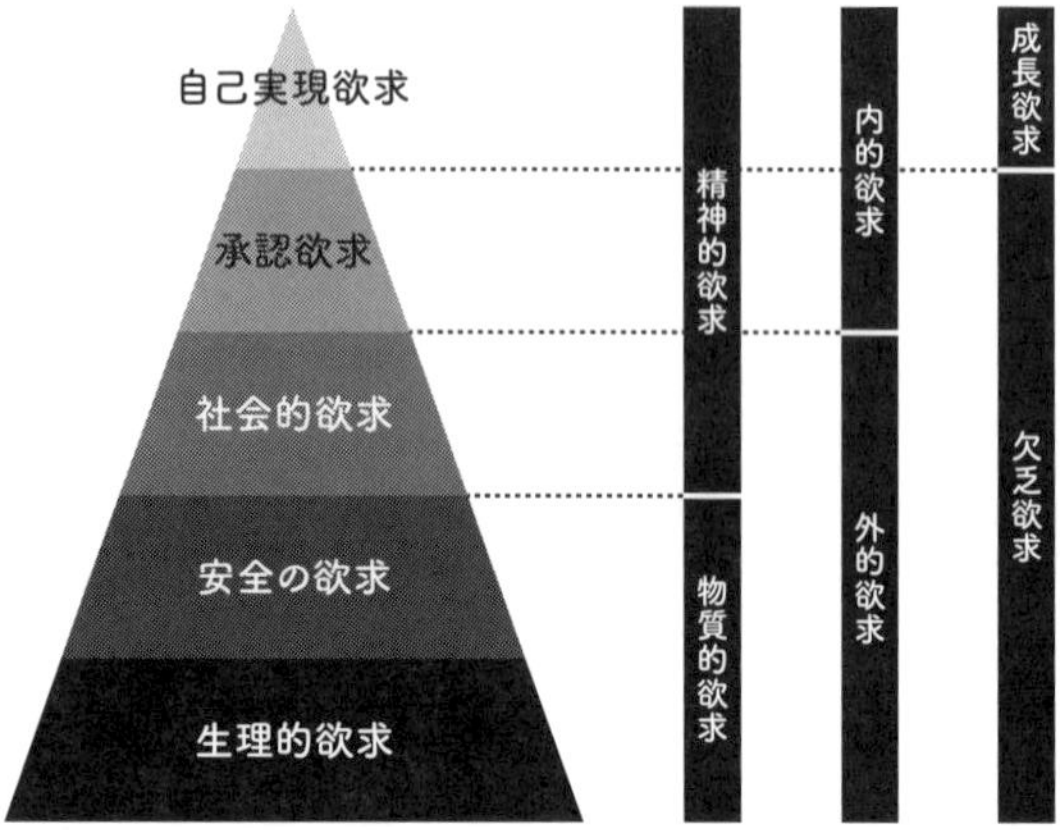

出典：STUDY HACKER HP

の生存に必要なものを欲する、原初の「欲求」に近しいものだったとも言えるのかもしれません。

　こうした話に関連して、人間の欲望や欲求に関しての理論としては、しばしばマズローの「欲求五段階説」が話題に上がります。人間の欲求というものは、「生理的欲求」「安全の欲求」「社会的欲求」「承認欲求」「自己実現の欲求」の五つの階層に分かれ、そのピラミッドの下層から欲求が満たされるに従って、五段階の階層を上へと登っていく、という心理学の説です。（図2）

　貧しい時代においては、「生理的欲求」や「安全の欲求」のように衣食住の確保など有形のものによって満たされるもので、それは実体経済としてもわかりやすい、応えやすい欲求だったと言えるでしょう。しかし、人間は物質的に満たされることによって、より欲求の階層を上げていく時に、だんだん精神の領域、心のあり方に関わる領域に入っていきます。ついに「自己実現の欲求」にまで達すると、それはもはや単純な欲求というよりも、「欲望」の領域に入るという言い方ができると思います。数値だけでは評価できない価値を求める人も出てくるでしょう。その一方で、数値そのものが持っている抽象性が一人歩きして独自の意味を持ち始めることで、今度はステータスを得ることが目的化して、地価や株価の値上がりばかりに欲望の対象を見出してしまう人々、「数値そのもの」へと駆り立てられていってしまう人々も増えていくことになります。一見豊かな、ソフト、サービス、デジタルの時代の資本主義にあっては、やはり二重の現象が進行しているということになり、ここに複雑な要素があるのです。

時代の「欲望の物語」と向き合うということ

「時代が作る物語」が経済を動かしている

電気量販店の店頭などを覗くと、かつて高度成長期の夢だった「白物家電」も、よりグローバルな市場競争によって、低コストの海外製の商品が押し寄せるようになってきています。洗濯機、冷蔵庫などの標準的な生活必需品が、多くの家庭に行き渡った状態では、モノに対して望むことも、より便利な、快適な、高級なものを……という欲望へと移ろいます。素朴な言い方をするなら、第一のフェーズで、ボーナスを待って買っていたような「夢の商品」が、今や若者が一人暮らしをする際に普通に買い揃えるものになっているわけです。そして、モノより、ソフト、サービスなどにより多くの消費は向かっています。経済の形自体がまったく異なるものになっているのです。

実際それは、戦後日本における第一次産業から第三次産業までの人口比の推移を見れば、一目瞭然です。１９６０年の池田政権による所得倍増計画が宣言された頃は、一次、二次、三次産業に従事する人々の数は、それぞれ約3分の1ずつとほぼ均等でしたが、その後、第二次へ、そして第三次産業へと、比重は大きく変化していきます。現代では、8割以上がサービス、ソフトなどに関わる第三次産業によって占められているような状況です。(図3)

62年に生まれ、これまでに紹介したすべてのフェーズを経験してきた僕のような世代にとっては、「時代の共通感覚」というものは、いつの間にか静かに変化を遂げていくものだと、あらためて感慨深く眺めてしまうグラフです。専業で農業に従事する方は減少し、やがて「もの作り」がこの国を支えていると言われた時代も過ぎ去り、今があります。もちろん第一、第二次産業の重要性が失われたわけではありませんが、人々の意識の変化をここに読み取ることが

【図3】産業別就業者数の推移（1951年～2023年　年平均）

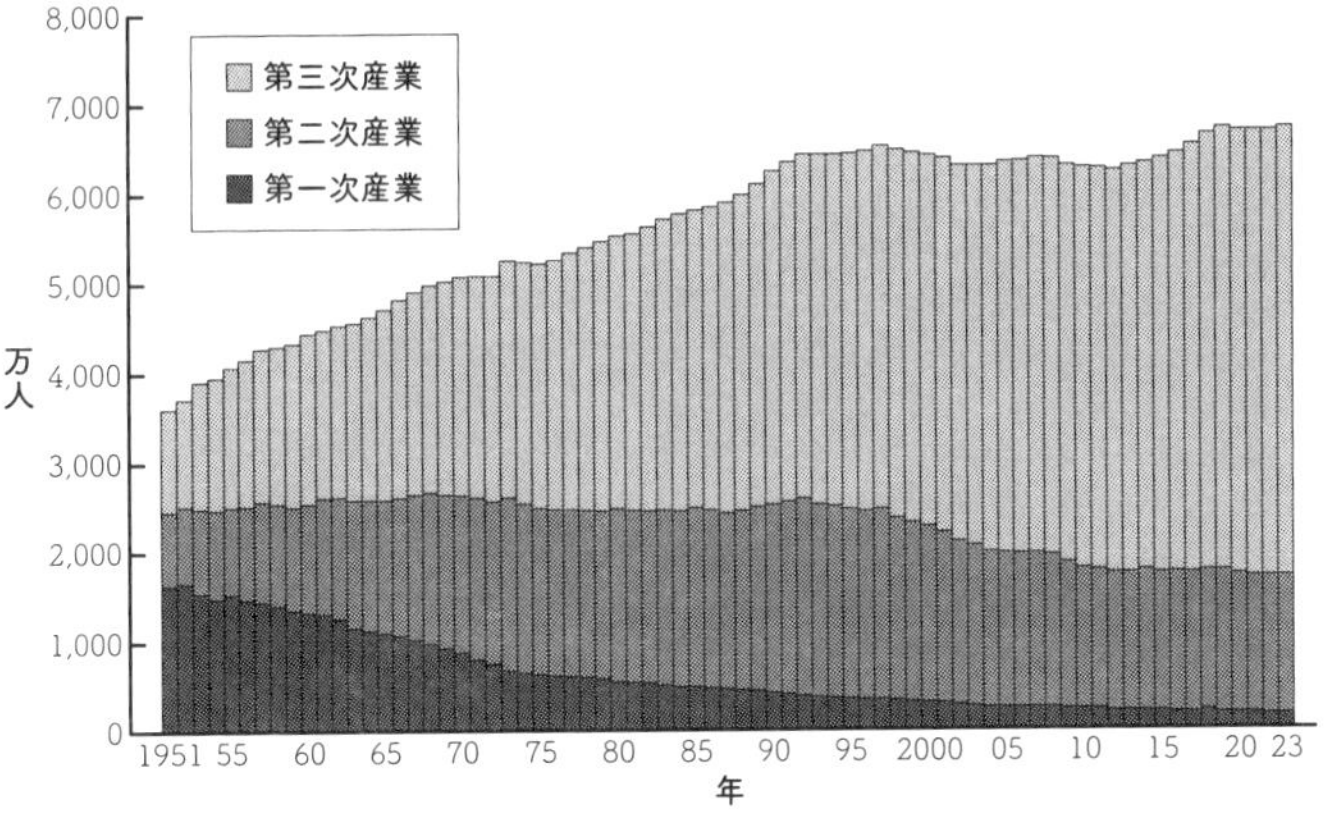

出典：総務省統計局「労働力調査」／労働政策研究・研修機構

できます。この「時代の共通感覚」＝「欲望の物語」を丁寧に見つめ、グラフの曲線の背景を考察し、そこに働く人々の息づかいを想像することが、時代の潮流を読む上でも、資本主義との付き合い方においても、とても重要なものになるのだと思います。

大づかみに、日本の戦後の経済の構造と社会の空気の変化、そして人々の心との関係の変遷を見てきました。しかしそれ自体が僕自身の皮膚感覚による個人の記憶の中に、どの時代のフェーズの空気の記憶も埋め込まれていたからこそ、感じられる変化なのかもしれません。何が変わり、何が変わらないのか、ずっとボンヤリと考え続けてきた僕自身の経験と実感からの考察による部分も大きいと思います。世代間の対話においても、第三期である1995年以降に生まれた若い人たちが、第一期の時代を中心に生きてきた人たちの価値観が理解できないということが起きるのは当然のことでしょう。時には、一体どこの世界の話なんだろうと思うこともあるかもしれませんよね。その逆も然りです。

その意味で「経済」自体が時代や社会が作る「物語」であると意識すること、あるいは時代が与えている夢によって経済も人も大きく動かされているのだということを自覚してみるだけでも、世界の見え方が少し変わり、対話の際の想像力の持ち方も変わるのではないでしょうか。

夢か現実か——エビデンス礼賛の社会を超えて

さて、そろそろ第1章のまとめに入りましょう。

高度成長の時代には、多くの人々が同じものを求め、同じ夢を見ていました。それが時代の「欲望の物語」となっていたわけです。しかし、バブル崩壊以降、時代のメッセージが、「夢ではなく、現実を見よ」という方向にシフトしてきたように思います。時代の物語に囚われることなく、自分のありようを見つめようとすること自体は悪いことではありませんが、今度は、「リアルが大事」と唱えられ過ぎて、それが、あたかも強迫観念のようになってしまっているのではないかと思うことが、時にあります。ある種、行き過ぎた「エビデンス主義」、つまりファクト重視の考え方ばかりに縛られたり、データ、マーケティングなどの手法を乱用し、過剰適応が生まれたり、といった皮肉な現象も生まれているように思うのです。

誤解していただきたくないのですがもちろん、一つの手段として科学的な分析でデータを収集し、その結果によって現実的な判断をすることは、とても大事です。ここで申し上げたいのは、過去の物語を単に共同幻想による精神論と否定するあまりに、今度は一気に過剰なデータ主義に傾斜することによって、逆に、リアルにこだわるがゆえの歪みのようなものが生まれている側面もあるのではないかということです。今度は「現実こそすべて」という物語「だけ」に囚われているのでは？　と心配になるのです。いずれにせよ、一方向に一斉に雪崩のように流れていく「過剰適応社会」は、危険性をはらんでいます。同じことの裏返しが生まれる危険性があります。

人間が集まり、この社会の中で暮らす時に起きていることとは、現実的なこと、事実とされるような事柄だけで、つかまえることはできません。『インセプション』ではありませんが、人は、むしろ夢見ることができるから生きていられる、という言い方もできるように思います。人々のファンタジーや意識が、時代の気分を生み、「富を生むルール」も動かしていることを、見落とさないようにしなくてはなりません。本章で戦後日本のさまざまなフェーズを見てきたように、「有形」のものから「無形」のものへと、人々の中心的な欲望は移り変わっていきました。それは取りも直さず、人間が生きていることの半分は、無形なものに価値があると見なせる「想像力」の部分にあり、いよいよそれが資本主義の現象として前面に現れてきた、という見方もできるのかもしれません。

夢か現実かという二者択一のような問い自体を疑うことも、これからの時代を生きていく大事な力となると思います。このあたりのお話は、本書後半でもっとしっかりと語ることになると思いますが、フィクションの力というものをもう一度、考えるべき時が来ているのではないかと、思うのです。

先ほどマズローの「欲求五段階説」を引きつつ、欲求と欲望の違いについて語りましたが、少し説明を加えると、欲求の領域というのは、「動物としての人間」が求める本能の表れ、という言い方ができると思います。人間も当然、動物の一種です。動物としての生命を維持するために、食料や水などのモノを欲します。

しかし、人間は本能で生きる動物であると同時に、文化という領域も持っています。そこには尊厳や倫理、人権といったさまざまな人間独自の概念も入ってきますし、理性という、人間が社会を構成し文化を生むために必要な精神の世界もあるわけです。これは、動物からすれば、ある意味フィクションであり、想像力の世界の物語で、虚構に過ぎないわけですが、僕らはそうした人間固有の取り決めを作り、日々相互に確認し合うことで、この社会というものを成り立たせています。すなわち、人間の欲望というものを考えた時に、動物としての欲求的な側面と、人間としての欲望的な側面があるのです。動物としての生存に必要な物質的な欲求が満たされ、社会が豊かになればなるほど、「衣食足りて礼節を知る」ではありませんが、倫理や人権といった人間的な文化の諸問題に比重が高まっていく、欲求の問題から欲望の問題へと重点が移っていく、というわけです。

この欲望の領域は、まさに文化の領域であり、理性の領域でもあります。物質的な欲求が満たされるようになって久しい今日、実は現在の資本主義とは、この人間としての欲望＝フィクションの領域をいかに動かしていくかという段階に入っているとも言えるでしょう。この欲求と欲望の違い、さらにマズローが真にイメージしていた「自己実現」の内実などについては、最後の第5章でもっと詳しくお話しします。

『インセプション』から『TENET』へ——夢でも現でも必要な信条とは？

戦後日本の経済の移り変わりを、欲求と欲望の相違という見方、あるいは現実とフィクションという視点から、「富を生むルール」の変化として見てきましたが、こうしたことを考える上でも、先にお話ししたクリストファー・ノーラン監督の作品のいくつかは示唆的で、想像力をかき立てられます。

『インセプション』から10年後の2020年に公開された、『TENET』という作品があります。

TENETは信条という意味です。「時間を遡《さかのぼ》る」ことがもしも可能になったならば？　一方向にしか流れないはずの時間を逆行する過程でさまざまな争い、葛藤、愛憎が生まれる、こちらも『インセプション』と同じく壮大な虚構の世界で展開するストーリーなわけですけれども、ラスト間際で、とても印象的なメッセージ性のあるセリフが出てきます。

「起きたことは仕方ない　この世界の理《ことわり》だが何もしない理由にはならない」と。

仮にカタストロフが先に待っていたとしても、今、自分にとってやるべきと思うことをやり遂げるのだ、というわけです。これこそ、テネット＝信条です。

クリストファー・ノーランという人の作品は、僕自身の勝手な読み解きですが、フィクション／ノンフィクションという二元論を超越していこうとするかの如き世界観の中に、その強い意志を読み取ることができるように思います。日本人にも馴染み深い、『荘子』の「胡蝶の夢」（私が蝶になった夢を見ているのか、蝶が私になった夢を見ているのか）のような、虚実の皮膜にある問題意識をエンターテイメントとして見事に昇華しているように思います。映像ならではの、哲学的な問いの提示の仕方です。

『インセプション』も、その後の『TENET』の世界観を踏まえれば、夢か現実か、フィクションかフィクションでないのかなどに囚われる以前に、自らの心に正直に信念を持って生きることを主張しているように感じます。そしてその延長線上に、「正しい夢の見方」を考えることが大事だというメッセージが残像のように浮かび上がるのです。

『TENET』は、登場人物のセリフとして、より明確に夢か現実かという二項対立的な問いかけよりも、たとえすべてが夢であったとしても、その中で自分が正しいと信ずる行いをすることが大事であるというノーランの主張が表れています。人生は夢のようなものかもしれないが、だからこそ、貫くべきものがあるということです。

『インセプション』と『TENET』は、そういう意味では、ある種の問いと答えという対応関係があるように僕には思えました。現代社会論／資本主義論という意味で、『インセプション』での夢か？　現か？　という「問い」に、どちらであるかが問題なのではなく、信条こそが大事なのだという一つの「答え」をノーランは自ら『TENET』で提示した、というわけです。初期作品から彼は一貫して、「時の流れ」というものの不思議と現代社会の関係性を追究し続けています。そこでは、時間と資本主義の関係性がベースに横たわる、大事な問いとなっているように見えるのです。ちなみに、時間と資本主義の関係については次章以降で、詳しくお話しすることになるでしょう。

さらに言えば、フィクションというものを逆説的に捉えているように解釈できるところが、僕にはとても興味深いのです。先に過剰なエビデンス主義、データ主義の影の部分についてお話ししましたが、ともすれば「夢から覚め、リアルに目覚めよ」という、21世紀に入って叫ばれることが多いメッセージに対しても、あえて問いをズラすような問題提起をしているのが、『インセプション』であり『TENET』であると言えるのかもしれません。

資本主義の中で生きるほどに、信条が大事になるということ。欲望が欲望を生み、形も目的も持たないような資本が動かす現代の資本主義の「富を生むルール」の中で生きるからこそ、失ってはならない信条です。

経済という、時代が見せる夢の物語を自覚した上で、僕らにできることとは？　ただ闇雲に「生産性を上げよう」「所得を上げよう」というだけでは、生きる意味が見出せない時代に、お金がどう動いていくかという経済現象が、いかに社会の文脈の中に埋め込まれているのかを考えなければ、すぐに大切な何かを見失ってしまうのです。さまざまな価値観が複雑に入り乱れる現代の資本主義を考える上で、経済とは「時代の物語」であるということをあらためて意識し、考え、行動しなければならないと思うのです。

［第2章］

「富を生むルール」は書き換えられていく

利子の誕生、重商主義、産業革命へと続く欲望の経済史

時が富を生む魔術の時代
――「利子」の誕生と絶えざる成長の芽生え

資本主義の発展の底にあった「ルール」の変化とは？

第1章では、「経済」とはある状況においては社会が課す必然的な「欲求の物語」であり、そしてまた、時代がかき立てる「欲望の物語」であると捉えてみることで、戦後日本の経済を三つのフェーズに分けて考えてみました。そうした観点から、西欧での資本主義の発達の歴史を見渡し、「富を生むルール」の変遷として大きく捉えたなら、たとえば学校で教わった一般的な「世界史」とも異なる角度から眺めることができ、新たな「物語」が立ち上がってくるのではないかと思います。そこに、現代の資本主義の状況を捉え直す上でのヒントを見出すことができるかもしれません。

第2章では、さらに大きな視点、数百年単位の長い歴史のスパンでどのような流れで資本主義というものが変化、発展してきたのか？　西欧世界の人々を動かしてきた時代の空気を想像しながら、大づかみで捉え直してみたいと思います。その変化の背後にどんな時代の物語があったのか、またそうした時代の物語を通じて「経済」の観察者、分析者である経済学の巨人たちがどんな言葉を紡いできたのかも、ところどころまじえて考えていきます。資本主義というシステムについて思考をめぐらせた経済学者たちの言葉も、当然、自らが生きる時代の切実な課題に応えようと生み出されてきたものです。その時代の背景にあった状況を想像しながら、その精神、思考の本質を読み取り、現代に生かす術《すべ》を考えていきます。

15世紀イタリア・フィレンツェで広まった「利子」

さて、時計の針を現代から過去へと大きく戻して、資本主義の進展にダイナミックな契機を与えた、重要な鍵となる、一つの画期的な出来事を見ていきましょう。それは、15世紀のイタリア、フィレンツェでドラマチックな展開を遂げます。

中世ヨーロッパでは次第に国と国をまたいでの商取引が活発化し、やがて高額の取引となっていきました。18世紀の産業革命などよりはるか昔のこと、当時の輸送手段は馬車など非常に限られたものです。それまで、取引に使われる金貨などの貨幣は、決済の際に直接、輸送しなければなりませんでした。しかし、取引の額が増大するにつれて、大量の貨幣を移動させなければならず、さまざまな困難が生じ始めたのです。遠隔地間での物理的な貨幣による決済は、送金にも労力がかかりますし、また送金中に貨幣が盗まれる可能性もあり、危険性も高まります。

たとえば、ヴェネツィアの商人がフィレンツェに商取引をしに来たとします。当時は、ヴェネツィアもフィレンツェも別の「国」でした。流通する通貨もそれぞれ異なります。商売に成功しひと儲けした商人は、ヴェネツィアへ戻る際に、これまで手にしたフィレンツェの貨幣を、ヴェネツィアの貨幣に両替して、現金で自国まで持ち帰らなければなりません。その運搬には、強奪されたり盗まれたりなど、さまざまなリスクが伴います。

この遠隔地間の決済取引に目をつけたのが、稀代の「銀行家」として存在感を示したメディチ家でした。彼は「為替手形」による決済を導入することで、この不便さを解消するアイデアを思いついたのです。そして、それは同時に、新たな「儲け」の可能性を見出すこととなり、後に振り返れば、「欲望の経済史」が動き出す大きなメルクマークとなる出来事となったのでした。

為替手形による決済を用いれば、ヴェネツィアの商人はわざわざフィレンツェの貨幣をヴェネツィアの貨幣に替えて自国まで持ち運ぶ必要はなくなります。つまり、フィレンツェで銀行に儲けを預けて、代わりに為替手形を受け取り、自国であるヴェネツィアの銀行で、その手形を現金と引き換えるのです。こうして為替は、利便性が高くかつ安全で確実な決済手段とみなされるようになっていくわけですが、そこに、ある国の通貨と他の国の通貨の交換比率である、為替レートという存在が生まれます。国が違えば、レートは異なり、また交換にあたって手数料を取ることもできます。今では常識の為替レート、交換の仕組みですが、メディチ家第2代当主コジモ・デ・メディチはここに目をつけ、拡大させることを思いついたのです。貨幣を、国境を越えて移動させることで、そこに余剰を生み、富を生むアイデアをシステム化させたのでした。

メディチ家は、莫大な利益を得て、ヨーロッパ全土に名を轟《とどろ》かす大富豪となっていきます。

利子という時間の経過――「待つこと」への報酬?

一定の期間お金を借りるならば、返済する際には利子がつく――すぐに返済せずに、待ってもらう代わりに、その貸し借り自体に加えられる「お礼」として「利子」というものが上乗せされる。こうした「利子」のありようは、みなさんにとってはすでに当たり前のことで、何の疑問も感じられない方が多いことと思います。

しかし本来、西洋では中世以来、キリスト教会によって利子を取ることは固く禁じられていました。ユダヤ教などを例外として、キリスト教だけではなく多くの宗教で利子のやり取りは禁じられていたのです。

聖書にも、「金銭であれ、食物であれ、すべて貸すことのできるものの利息を、あなたの同胞から取ってはならない」（申命記23：19）と記されています。働かずして得られる不労所得である利子に、教会は厳しく目を光らせていたのでした。

そんな中、メディチは、国家間の為替レートの違いに目をつけ、国境を越えて貨幣を動かすことで利益を得る為替決済の仕組みを利用し、あくまでも「両替手数料」という名目とすることで、教会の追及を逃れます。それればかりか、取引の勘定項目に「神への勘定」を導入したのです。教会や慈善活動への寄付だけでなく、その一部をローマ教皇庁であるバチカンへも上納することで、実態は換金業とも言うべき、メディチ家の銀行業は、バチカンの公認を得ることになっていくのです。

さらに1410年には、メディチ家はバチカンの財務管理者となって、ヨーロッパ中からローマ教皇庁へと集まる莫大な資金の管理を担い、運用する立場となります。国際的な決済・為替ネットワークを生み出し、これを駆使しておよそ300年にわたってメディチ家の繁栄は続くこととなりました。

ここに、一つの成功モデルとして、利子という「時が富を生む」ルールが、資本主義の推進力として人々の間でも認識されたというわけです。

「時が富を生む魔術」の時代

一定の期間、お金の貸し借りをすることで何もせずにお金が生まれる、「魔術」のような利子という仕組み。ここで面白くて重要なことは、ある豪商による既存のシステムを利用、改善するためのアイデアが、新しい資本主義の「富を生むルール」となり、いつの間にか広がっていった現象そのものです。メディチ家の「成功モデル」の影響で、「利子」という「考え方」自体が大きく広がっていくのに、さほど時間はかかりませんでした。

意識の広がり、時代の共通感覚の広がりは、とても大事な契機となります。利益が自然に増殖する仕組み、時を待ちさえすれば、お金を増やせるという素朴な意識が、世の中の普通のことへと次第に移り変わっていったわけですね。まさにこれこそが資本主義最大の発明であったと言えるのかもしれません。

利子による利益の増殖が、人々の欲望を刺激し、もっと稼ぎたいという気持ちを駆り立てるのだとすれば……、それこそ「やめられない、止まらない」の第一歩だったと言えるのかもしれません。

ちなみにアメリカの経済学の入門を謳《うた》うようなテキストでは、初歩の初歩として、こんな話が例題として取り上げられることがあります。「1時間並べば10ドルのハンバーガーがタダでもらえるという行列ができていた時に、あなたは並びますか？」

何を判断基準に答えるべきか、わかりますか？

「正解」は、あなたのいつもの時給が10ドル以下であればイエス、10ドル以上であればノー、です。時給10ドル以下の人であれば、1時間待つだけでハンバーガーを手に入れられるのは時給以上の価値があること、逆に自給10ドル以上の人にとっては行列に並ぶ1時間を働くことにあてたほうがより多くの額を稼げるでしょう、というわけです。これは、近代経済学で言うところの「機会費用」という考え方のベースを成すものですが、こうした発想の背後に「時は金なり」があり、メディチ家の企みがあったことは歴史的に興味深い点と言えるでしょう。

このように、中世イタリアで生まれたアイデアが基になって、現代の、時間もお金に換算して考えることができるという発想法にまでつながっていきます。時間が売り買いできる「商品」であるという意識が、人々の間に広がっていき、深く織り込まれていったことは、資本主義というものが、時空を超えて動き出していくために、とても大きな出来事だったのです。

近年若者たちの間で、タイム・パフォーマンス、略して「タイパ」という言葉が使われるのをよく耳にします。現代資本主義にあっては、「1時間」で、「1日」で、「1週間」という時間の単位で何をするのかが常に問われている感覚があると言えるのかもしれませんね。「ただぼんやりとさせておく時間はない」という考えが根底にあるのでしょう。それが良い形で、無駄を排除した本質的な生産性の向上などに結び付けば良いのですが、生き急ぐような強迫観念になってしまっていたら、ちょっと悲しいですね。いずれにせよそうした現象も、15世紀フィレンツェにおける、「時が富を生む魔術」＝「利子の誕生」から始まった考え方だとしたら、歴史は面白いものだと思います。

ちなみに、コジモ・デ・メディチは、「儲け過ぎる」と天国に行けないからと、利子による集金にやましさを感じたのか、教会に寄付したり、芸術家のパトロンになったりもしています。これがルネサンスの原動力の一つともなって、ミケランジェロもレオナルド・ダ・ヴィンチもその恩恵に浴し、文化の大革新が起きて、今も残る数々の作品も生まれているのですから、皮肉なものです。

もう一つちなみに、その後、16世紀の宗教改革において重要な役割を果たした、プロテスタントの中心人物の一人であるジャン・カルヴァンは、裏で横行する高利子に歯止めをかけるために利子を認めて5％までなら許可すると明文化しています。またカトリックも、19世紀には利子を公に認めることになっていきます。こうして、利子は、資本主義の発展において必要不可欠な思考、制度のベースとなっていったのです。

「時」から「空間」へ、富を生むルールが変わる時

大航海時代がもたらした重商主義

さて、こうした商人たちによる銀行業が契機となり、限りない増殖へと動き始めた資本主義は、1492年のコロンブスによる新大陸発見や、1498年のヴァスコ＝ダ＝ガマによる東インド航路の開拓などによって、新たな転機を迎えます。大航海時代の到来です。

地理上の発見によって世界市場が急速に広がり、同時に、新市場の生産物と資源、植民地の獲得をめぐって、スペイン、オランダ、イギリスなどの国々の間に激しい商業戦が展開されることになるのです。これによって、ヨーロッパの金銀の貯蔵量は飛躍的に増大したわけですが、その中でとりわけ大きな支配力を握ったのはイギリスでした。1600年に創設されたイギリスの東インド会社は、重商主義政策の花形であり、七つの海を支配した世界初のグローバル企業という言い方もできるでしょう。ちなみに、東インド会社がインドで流通させていた通貨は、cashと呼ばれていましたが、現在では「現金」の意味で使われていることはご存じの通りです。ビジネスの言語として英語も世界に広がり、この時期のイギリスの重商主義のあり方が、

その後の多くの貿易慣行や商取引の文化に多大な影響を与えています。

こうした世界最初期の国際商社とも言うべき会社が、オランダ、フランス、デンマークなどの国々でも相次いで設立され、国家レベルで保護を受けた商人たちが、海を渡って富の奪い合いをする時代がやってきたわけです。それはヨーロッパ諸国が新大陸である南北アメリカやアフリカ・アジアなどを植民地化し、統治・支配によってさまざまな収奪を行う、植民地主義とも密接な関係性を持つものでもありました。

フィレンツェで商人たちが活躍し編み出された、利子。それから二百年近くの時を経て、今度は「時」ではなく、海を挟んだ「空間」で、金銀財宝の奪い合いの時代が始まりました。これを政治的に支えていたのが、国王に権力が集中する「絶対王政」です。16世紀から18世紀にかけては西ヨーロッパ諸国で国王の権力が絶大なものとなり、富もまた王に集中していくようになります。イギリスのエリザベス1世などが代表的で、官僚、軍隊、宮廷貴族の維持のためにも、多額の貨幣を擁する王権の必要から、貴金属の獲得を目的とする重金主義へ、そして商工業保護の色彩を持つ貿易差額主義などが生まれることになっていくのです。大商人の独占を特権的に王が保護し、絶対主義と重商主義が政治的、経済的に両輪となり、全盛の時代を迎えます。

重商主義者たちはルネサンスの影響を受けて、経済現象を、いたずらに宗教的に、倫理的に価値づけたり、非難したりしないで、それを客観的に、因果論的に観察した。しかも**彼らは、アリストテレスや中世の寺院法学者によって卑しいものと決めつけられていた金もうけの方法や商業を、経済の中心に引き上げ、それを振興することを一国の経済政策の指導原理とした**のである。

（『日本大百科全書（ニッポニカ）』越村信三郎　太字引用者）

重商主義についての定義ですが、この太字の部分、ちょっと面白いと思いませんか？「卑しいもの」への見方を変えることで、「一国の経済政策の指導原理」にまでしてしまう、大きな転換。まさにここでも、新たな「欲望の物語」による「富を生むルール」の変更が起きていたわけです。

農業でもなく工業でもなく商業が動かす資本主義

「重商主義」と一口で言っても、当時の人々の心、意識のあり方にはさまざまなものがあり、すべてを一括りにするのは難しいのですが、一国の富について、金銀貨幣を最も貴重なものとし、その価値は失われるものではないと考えていたことは共通していました。そして、一国の

「富を生むルール」も、この財貨が多ければ多いほど豊かであると考えていたことは間違いありません。

その結果、貨幣に最大の価値を見出す重商主義者たちは、商品を安く仕入れて高く売り、売買の差額から「富」を生むことに注力するようになります。そしていつの間にか、こうしてお金を動かし増やしていく商人たちの存在感も増していき、農業や工業よりも商業のほうが社会的に優位なものとみなされるようになっていくのです。

しかし、ここで注意すべきは、商業が利潤の獲得の強力な手段として認識されたとはいえ、国内での取引だけでは、国という単位で見れば「富」は増えません。この頃、ヨーロッパでは金銀の国内産出量はわずかで、その多くは、新大陸から、主にスペインを通じて入手していたようですが、一国の金銀を大きく増やすためには、積極的に海に出て海外との取引で輸入より輸出を多くして、貿易の差額分を金銀の財貨で、自国に流れ込むようにすることを目指すようになっていったのです。

国と国が、海という広大な「空間」で、金銀財貨という「富」を奪い合う。ここでしっかり、確認しておくべきは、時代の主役は、王の保護を受けた商人たちだった、ということです。「時が富を生む魔術」＝利子を巧みに活用して財を成したのも商人でしたが、国単位の競争の中でも、商業が、時代の鍵を握っていたのです。

しかし……、欲望は、満たされることがありません。それが、「富を生むルール」にも再び変化をもたらします。

「時」×「空間」——後期重商主義で貿易が活発化する

当初重商主義者たちは、一度国内に流れ込んだ貨幣などを、絶対に国外に流出させないようにしました。当然と言えば当然です。苦労して獲得した金銀財貨を簡単に海外に出してしまえばそれまでの苦労は水の泡です。多くのヨーロッパの国々は金銀の輸出禁止策を採用し、法律を破って金銀を国外に持ち出す者は厳しく罰せられていたほどでした。

しかし、重商主義者たちの間にも思考の変化が訪れます。こうした政策は、逆に外国貿易の発展を妨げてしまうことに気づいたのです。さらに多くの金銀を獲得するためには、むしろ、一度外国への流出も認め、還流を活発化させるべきだと考えました。

後期の発展した重商主義者たちは、**貨幣を蓄財家の目で眺めないで、それを運転することによって利潤を得たほうが賢明であると説いた**。彼らは、初期の重金主義者のように、外国から商品を輸入することを制限したり、金銀を持ち出すことを禁止したりしないで、輸入した商品よりも多くの額の商品を輸出することによって、金銀の流入を図ろうと努力した。重商主義の学説は、貨幣差額論から貿易差額論へと発展したのである。

（同書　太字引用者）

ここにも面白い、現代へとつながる資本主義の変化のポイントを見て取ることができます。海外から獲得した金銀財宝を守り、蓄財することに必死だった前期の重商主義者たちも、さらなる富の増殖には、発想の転換が必要であることに気づいたとも言えますね。「輸入した商品よりも多くの額の商品を輸出」しさえすれば、循環的に富を拡大させていくことができるという考え方に目覚めたわけです。商業の原則を伝えることわざに、「損して得取れ」というものがありますが、言わば、そうした着想の原型とも捉えられるかもしれませんね。

ここに、貿易という制度が広がっていった原点があります。さらに、「貨幣を蓄財家の目で眺めないで、それを運転させることによって利潤を得たほうが賢明」という、「時」と「空間」、どちらの「差異」も組み合わせて、より多くの富を獲得する競争へと意識が広がっていったのです。

こうして生まれた、海を渡る商人たちが大活躍した時代。しかし、そこに待ったをかける人物が登場します。それが、あのアダム・スミスです。

重商主義の時代に異を唱えたアダム・スミスの「見えざる手」の心は？

重商主義から産業革命の黎明期へ――アダム・スミスと経済学の誕生

「経済学の父」と言われるアダム・スミスが、その思想を著した『国富論』を世に出したのは、1776年のことです。それは、重商主義から産業革命の黎明期へと向かう、時代の大きな変革期の中で生まれたものでした。アダム・スミスは重商主義を批判し、その後に起こりつつある工業化に向かっていく産業革命前夜に、新たな時代の富のあり方を、新たな社会の捉え方を論じたのです。

そもそも資本主義においては、「資本」から価値を生み出し、さらに増殖させることがその原動力となっています。この「資本」とは、儲けを生み出すために必要となる資材、生産要素など、すべてを指しています。工場であれば儲けを生み出すための「売りもの」、つまり「商品」を作るために、機械や建物などのさまざまな設備や原材料などが必要になってくるでしょう。あるいは商品を売るための小売の店舗も必要です。こうしたお店も資本であると言えます。インターネットでのモノの売り買いにおいても、オンラインショップを立ち上げるための、コンピューターやスマートフォンといった通信設備もまた資本です。

こうした資本を使って生み出したもの＝商品は、「市場」によってその値段が決まっていきます。「市場」にあって、モノが商品として価値を持つためには、多くの人々にそれを欲しい、買いたいと思ってもらわなければなりません。

仮に1個のパンを１００円で市場に出したところ、よく売れたとします。これにアンコを入れたあんパンを２００円で売り出したとします。今度はなかなか売れませんでした。そこで価格を下げて、１５０円にしてみたら、あんパンは順調に売れ始めました。このように、売り手が商品を「この価格で売りたい」という意思と、買い手がこの商品だったら「この価格なら買いたい」という気持ちが一致するところで、価格＝「市場」における価値というものが決まってくるのです。

長々と当たり前のことを言っていると思う方もいらっしゃるかもしれませんが、この市場という場で現代的な言い方をすれば「マッチング」が成立する不思議について、人々が納得する物語として説き起こしたことが「国富論」の画期的なところでした。逆に言えば、「市場」という存在には、人々がモノを欲すること＝需要と、人々がモノを売り出すこと＝供給のバラン

【図4】需要曲線と供給曲線による市場メカニズム

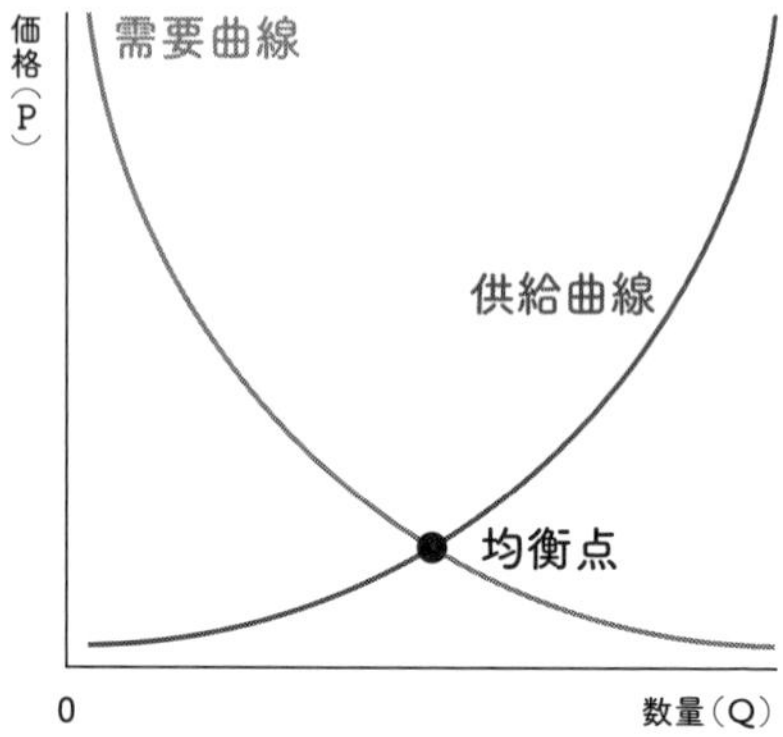

価格は市場で需要曲線と供給曲線の交わりで決まる?

スを調整する機能があるということを示したとされているわけです。その機能を、「見えざる手」と、スミスは表現した、と。その考え方は、後に、需要曲線と供給曲線の交わりとして説明されるようになります。中学校で習いましたよね。(図4)

アダム・スミスは、利益を求める個人や企業による自由な経済活動が「見えざる手」に導かれ公共の利益も生むことから、政府が経済に干渉しない自由放任主義を唱えた、とされています。市場価格が需要と供給を調整する働きを価格の自動調節機能と言いますが、このメカニズムによって「資源の最適配分」が実現される仕組みを市場メカニズムと言います。スミスはこうして、「経済学の父」と呼ばれるようになったのです……。有名な「見えざる手」をめぐるスミスの思想を、ひとまず教科書風にまとめれば、こんな感じでしょうか?

『国富論』では、人間が自己の利益を追求していく存在であるという指摘に一つのポイントが置かれています。それによれば、資本主義の「市場」では、売り手も買い手も、その利益の最大化を目指して動きます。売り手はなるべく高く売りたいし、買い手はなるべく安く買いたい。これがうまくバランスが取れた状態というのが、需要曲線と供給曲線、二つのカーブが交わる点が生まれるということなのです。その需要と供給の交点で実現される価格は、その時点での世の中のその商品に対する適正な値付けであり、その結果として、社会全体の富も増進していく、というわけです。

しかし、ただ単にアダム・スミスの思想を、需要曲線と供給曲線で描かれるものとしてイコールで結び付けてわかった気になってしまい、先に進もうとしたら、大きな落とし穴が待っています。

「見えざる手」に込められたものは？

『国富論』に登場する「見えざる手」の前後の記述をあらためて読んでみましょう。時代を画すこととなった書ですが、スミスは極めて重要なことをさりげなく書いています。

生産物の価値がもっとも高くなるように労働を振り向けるのは、自分の利益を増やすことを意図しているからにすぎない。だがそれによって、その他の多くの場合と同じように、見えざる手に導かれて、自分がまったく意図していなかった目的を達成する動きを促進することになる。そして、この目的を各人がまったく意図していないのは、社会にとって悪いことだとは限らない。自分の利益を追求する方が、実際にそう意図している場合よりも効率的に、社会の利益を高められることが多いからだ。**社会のために事業を行っている人が実際に大いに社会の役に立った話は、いまだかつて聞いたことがない。**

（『国富論 上・下』アダム・スミス著　山岡洋一訳　太字引用者）

実際の文章で味わうと、先の教科書風の記述とだいぶイメージが変わると思いませんか？「自分の利益を増やすこと」に励むだけで、社会全体にとっても利益を生む、「まったく意図していなかった目的を達成する動きを促進することになる」と、これが「見えざる手」の解説です。その上で、「この目的を各人がまったく意図していないのは、社会にとって悪いことだとは限らない」と飄々《ひょうひょう》と宣言し、そのほうが、「効率的に、社会の利益を高められることが多い」と主張します。

そして面白いのは最後の文章です。「社会のために事業を行っている人が実際に大いに社会の役に立った話は、いまだかつて聞いたことがない」とは、毒の入った表現ですよね。アダム・スミスのちょっと意地悪なユーモアです。人間社会のさまざまな場面を経験、観察してきた人だからこその描写であり、スミスの肉声とも言うべきものがこんなところから感じ取れます。

社会の構成員それぞれが、それぞれの得意とする分野で利益の最大化を目指すことで生まれる「分業」の効用についても、こんな風に語っています。

分業がはじまったのは、知恵のある人がこうすれば全員豊かになれると考え、計画したからではない。これほど大きな利点があるとは誰も考えていなかったが、**人間にはものを交換しあう性質**があり、その結果、ごくゆっくりとではあるが、必然的に分業が進んできたのだ。

ものを交換しあうこの性質が人間の本能の一つであって、それ以上の説明が不可能なものなのか、それとも、この方が正しいように思えるが、理性と言語という人間の能力によるものなのかは、ここで論じようと思わない。**この性質は人類に共通しており、他の種の動物にはみられない。**（同書　太字引用者）

この視点も、非常に興味深いポイントだと思います。アダム・スミスは自らの観察に基づいて、人間にはもともと交換する性質が備わっているのだと主張します。先に、ちょっと意地悪なアダム・スミスと表現しましたが、スミスは、人と社会の冷静な観察者で、だからこそ、人々が形作る社会の素晴らしいところも残念なところも見えていたのでしょう。

その意味では、分業が先に生まれ、そこから交換が生まれるというより、むしろ逆で、この「交換し合う性質」があるからこそ、「分業」というあり方が生まれると見ていたと表現したほうが正確なのではないでしょうか？　交換するためには何かを作らなければなりません。結果的に各人、それぞれ何かを作ることになります。これが、アダム・スミスが言うところの「分業」だったのですが、こうした思考の背景を踏まえると、「労働の分割」と訳してみたくなるところです。

もはや現代社会の感覚からすれば、「分業」と聞けば、ある目的、ある最終形に向かって、最大の効率を実現するための行為のように感じますが、それ以前に、「交換し合う性質」を抱えた人間たちによって構成された社会にあっては、社会に必要な労働もまた分割、分かち合われることが自然である……。そんなスミスの思考、感覚が伝わってくるように思います。

こうして、各人が働いた結果生まれた生産物のすべてが、社会全体の「富」なのだとアダム・スミスは考え、人々にそれぞれの利益の追求のあり方を認め、奨励したわけです。『国富論』は、原題「The Wealth of Nations」に忠実に『諸国民の富』と訳されることもありますが、まさにその点を強調するならば、国を構成する一人一人の労働こそが「富」であるという物語を生み、そうしたものの見方を国民に説いた書なのです。

1776年――アメリカの独立と『国富論』という時代の物語

歴史的な背景に注目するならば、1776年に、スコットランド出身のアダム・スミスがこのような発想で、「経済」というものを捉えようとしたということは、大変示唆的です。というのも、この1776年という年にピンときた方もいらっしゃるでしょう？　そう、アメリカ建国の年なのです。

アメリカ独立と同じ年に出版された『国富論』において、スミスはアメリカの独立を認めるべきであると示唆しています。イギリス側からすれば、重商主義を押し進めることで、金銀などの物品を新大陸であるアメリカから収奪し、それによって国を富ませてきた歴史がありました。しかし、植民地であるアメリカに独立の機運が高まり、植民地経営に支えられた重商主義に基づくヨーロッパ諸国の経済のあり方も大きな曲がり角に直面します。イギリスにおいても、アメリカが独立した場合にイギリスの経済はどうなってしまうのか、という人々の不安が渦巻いていたのです。

ここで思い出してください。アダム・スミスが『国富論』で、各人が各人の持ち場で自己の利益のために働き、その果実を自由な市場で交換、取引をすることによって、いかに一国の経済を富ませることができるかを論じていたことを。『国富論』は、実は、植民地としていたアメリカを手放すことに不安を感じていた人々を諭すことも目的としていたのです。たとえアメリカの独立を承認したとしても、イギリスはイギリスで、一国の経済として十分に成り立つとスミスは述べ、人々を安心させようとしていました。

今一度簡潔にまとめましょう。一国を形成するそれぞれの人間がきちんと働き、労働を分かち合い、その成果物を交換＝取引することができるならば、それこそが「見えざる手」の力であり、「国民経済」は潤っていくから大丈夫だと説いているのです。

スミス自身の言葉を聞いてみましょう。『国富論』の最後は、アメリカを植民地としたままで富を奪い取ろうとする植民地貿易のあり方をきっぱりと否定した上で、こう締めくくられているのです。

> イギリスの支配者は、この黄金の夢、自分たちも酔い、国民を酔わせてもきた黄金の夢を実現してみせるか、そうでなければ、**まずは自分たちが夢から覚め、国民にも覚めるよう促すべき**である。計画が達成できないのであれば、あきらめるべきだ。帝国全体を支えるために貢献するのを拒否する植民地があるのであれば、戦争の時期にそれらの植民地を防衛する経費、平和の時期に行政と軍事の組織を一部であれ支える経費を負担するのを止めて、**イギリスがおかれている地味な状況に合わせて、将来の展望と計画を調整するように**

すべきである。（同書　太字引用者）

　こうして見てくれれば、お気づきだと思いますが、アダム・スミスの『国富論』自体も、その時代の経済、社会の大きな流れの中で、人々の心のありようを丁寧に観察した上で、多くの人々が納得するような、経済に関する「新たな時代の物語」を作り上げようとした書と言えるのです。「経済学」の「理論」の原点であるというのは、後の「近代化」の過程で引き出された一つの解釈であり、スミスが書を著した大きな目的は、国のあり方を示し人々を説得する物語を生むことにあったと言って良いでしょう。

　そうした視点に立つ時、「経済学の父」と言われたアダム・スミス自身は、新大陸での富の収奪による重商主義の時代を批判し、新たな時代の経済のあり方を考えたという点こそ、大いに注目すべきだと思います。金や銀、価値のある財を国外から収奪してくることが富であるという考え方をスミスは嘆き、否定したのです。まだ産業革命前夜だったわけですが、来たるべき世界を予感して、植民地支配に基づく絶対王政を経済的に支えるような重商主義から脱して、労働者の働きが鍵となる国民経済の成立こそが大事だと彼は考えたのです。「見えざる手」と「労働の分割」は、来たるべき社会のあり方を展望する、国民的物語の中核を成す概念でもあったというわけです。

こうして、産業革命の手前で、工業化社会にこれから入ろうとする時代にスミスの思想は時代を画する物語となりました。しかし、第1章で概観したように、物を中心に経済が動いていた時代から、一定の豊かさが達成され、もはやそうした工業化社会で流通していた商品だけでは人々が満足できない時代には、どうでしょうか。資本主義が現代のように形を変え、サービスやソフト、ネットの存在などが大きな駆動力となった時代に、果たしてアダム・スミスの言葉はどう響くのでしょう？　この疑問に答えてくれる人物がいました。

アダム・スミスは本当に間違っていたのか？

「アダム・スミスは間違っていた」

『欲望の資本主義』シリーズ、その初回で、ノーベル経済学賞を受賞した経済学界の重鎮ジョセフ・スティグリッツが残した鮮烈な言葉です。

21世紀、「ポスト産業資本主義」の時代に、みなさんもご記憶だと思いますが、肥大化した金融資本主義のねじれを感じさせるような、２００８年の金融危機が起こりました。アメリカの投資銀行リーマン・ブラザーズの経営破綻に端を発し、その後世界を巻き込む株価の暴落が引き金となりました。

当時、アメリカでは２００３年後半から住宅ブームが起き、低所得者向けの住宅ローンであるサブプライムローンの利用が急増していました。この住宅ローンは、通常のローンより審査基準が甘いことが売りだったのです。住宅価格が上昇すれば担保価値も増加しますし、また返済に行き詰まったら新たな借り入れも可能とされていました。しかし、問題は、住宅価格の上昇率が鈍化し、ひとたび下降へと転じた場合です。実際にその後、恐れていた事態が起き、ローンの返済延滞も増加していき、ローン会社の資金繰りは悪化。その結果、ローン会社に対する信用不安が生じ、証券化されて国際的に売られていたローンの価格が暴落しました。投資していた欧米の金融機関やヘッジファンドも大きな損失を被るとともに、資金調達するために株式を売却する動きも加速、こうして世界的な株価暴落へと一気に進んでいったのです。

現代の資本主義が、世界的なドミノゲームを引き起こすことを決定づけたような出来事だったわけですが、スティグリッツは、２００８年にリーマンショックが起きる以前まで多くの経済学者たちが「市場には自動調節機能がある」「バブルの心配はない」などの主張を繰り返してきたことを強く批判しました。その上で、そうした「市場原理万能論」をアダム・スミスの名の下に正当化することを否定し、こう言ったのです。アダム・スミスは間違っていた、と。

その意図を彼自身の言葉で聞いてみましょう。

強く指摘しておきたいのは、近代経済学の父と呼ばれるアダム・スミスに関することです。

あまりに多くの経済学者がスミスに頼り過ぎています。スミスは「自己利益の追求が〝**見えざる手**〟のごとく社会全体を良い方向に導く」と唱えました。しかし、彼が著書を記したのは、資本主義が本格的に走り出す前のことです。確かに、スミスは啓蒙の一端を担いました。が、当時は巨大企業が存在していませんでした。東インド会社など、いくつか大きな商社はありましたが、製造業の大企業はなかったのです。

ですから、**現代の資本主義をアダム・スミスが理解していたと考えるのは誤り**です。

(『欲望の資本主義 ルールが変わる時』丸山俊一＋NHK「欲望の資本主義」制作班　太字引用者)

アダム・スミスが『国富論』を著したのは産業革命以前の話であり、本格的なグローバル化も、デジタルテクノロジーの浸透も彼は知ることがなく、当然そのまま現代の分析に適合することはできないと、スティグリッツは語りました。端的に言い換えれば、スミスの言葉は、あくまでも工業化社会以前までの時代状況で表されたものであり、脱工業化社会には成り立たないことを、「アダム・スミスは間違っていた」と表現したのです。

『国富論』が世に出て以降、産業革命が起き、高度に発達した工業化、産業化の時代がやってきます。工業化によって物質的な豊かさが多くの人々の間に行き渡ると、第1章でも見たように、日本も世界の先進諸国も「脱工業化」へと経済の潮流は変化していきます。洗濯機や冷蔵庫など、生活必需品と呼ばれるような人間の生存の欲求に直接働きかける商品が主体の経済ぐらいまでは、スミスの『国富論』の更新も、微修正の範囲内で収まっていたのかもしれません。

しかし、こうした生産物がやがてパーソナル・コンピューターやスマートフォンとなって、物理的距離を一瞬にして越え、電子的に商取引が行われることももはや常識となりました。データやソフトに価値が見出され、金融工学が進み、日々、インターネットを介して、有形・無形問わず商取引が行われている今日、スミスの名の下に、労働の分割＝分業に基づく「生産」と、「見えざる手」によって調整される市場を中心に据えて考えることには、あまりに無理がある、というわけです。

もちろんスティグリッツは、スミスの思想の本質がすでにお話ししたように単なる市場の競争の肯定などとはまったく別次元にあることをわかった上でシンプルな言い切りをしてみせてくれたわけですが、この秀逸なレトリックは、現代の資本主義を再考する良いきっかけになると思います。逆に言えば、それほどまでに、一般の人々から経済学者に至るまで、「見えざる手」という、すでに神話のようになった「物語」が強い拘束力を持っている証明でもあるのです。

「共感」を前提にした「自己利益の追求」――『国富論』と『道徳感情論』

もう一つ忘れるわけにいかないのは、スミスが、国家にとっての富をめぐる考察を行う『国富論』を書く以前に、人間が自己利益を追求する存在であることを肯定しつつも、同時に社会において人と人を結びつける作用について語る、『道徳感情論』を著している点です。同書では、人間という存在に特有である「共感」という感情の重要性を強調しています。

さて、人間の本質にあるのは、社会を支えるのに大事なのは、利己心か？　共感か？　という問いですが、ここまで読み進めてこられてきたみなさんなら、もうおわかりではないでしょうか？　どちらも大事に決まっていますし、スミスがそもそも社会を眺めた時に発見した「交換する性質」を中心に置いて考えてみれば、「利己心」も「共感」も矛盾するものではないと言えるでしょう。忘れてはならないのは、アダム・スミスはただ単に経済現象を見ていたのではなく、『道徳感情論』で展開されているようなリアルな人間観察と社会の考察を行った後に、『国富論』を著している点です。本来的には「経済学者」という以前に、「道徳哲学者」であると言うべきなのです。

「共感」とは、それぞれの人間が、自分の快楽・欲望・利益を追求する「利己心」とともに、他人の立場になって、あたかも立場の交換をするかのように、他人の快楽や苦痛にも心を働かせることです。逆に言えば、こうした「共感」があるからこそ、個々人が「自己の利益」を追求したとしても、そこにある種のバランスが自ずと生まれるとも言えるでしょう。少なくとも、アダム・スミスにとっては、なりふりかまわず自己の利益を最大化することの言い訳のように自説を使われるのは、まったく本意ではなかったはずです。

ポスト産業資本主義時代の今日、自由に売り買いができる資本主義の市場の中で、「共感」すらも、いつの間にか「商品」のように扱われ、「消費」されかねない状況があります。こうした現象については、次の第3章で考えてみたいと思いますが、現代社会を生きる僕らの心の中に生まれている、さまざまなねじれ、錯覚について、日々自らの心を見つめ直すことが必要だと思います。

スティグリッツが語ったように、およそ250年前にアダム・スミスが生きていた時代から大きく変貌している、現代の資本主義。工業化社会の時代における人々の物質的な欲求から、脱工業化の時代へと転換し、高度なデジタルテクノロジーの発達、ソフト化やサービス化によって感情や精神、欲望までが商品化する状況の中で、どうバランスをとるか？

ここに、ポスト産業資本主義というものの根本的な面白さと難しさがあります。次の章で考える「モノからコト、コトからトキ、そしてイミへ」という消費のあり方の変貌や、有形資産から無形資産への変化とも密接に関わっているのです。

そして産業革命以後は技術が社会の形を決める——マルクスの「闇の力」とは?

産業革命と工業化社会の始まりとそこで生まれた「階級」

アダム・スミスが『国富論』を著し、重商主義を批判したのち、18世紀後半にはイギリスを起点に、産業革命の波が世界へと広がっていきます。

主に綿工業において手工業から機械への転換、また蒸気機関が登場し石炭をエネルギーとして利用するようになるなど、生産技術とエネルギーの革新がなされるようになりました。こうした技術革新は、綿工業から機械工業・鉄工業・石炭業など重工業へと波及していき、鉄道や蒸気船といった新たな交通機関も実用化、整備されるようになります。その結果、著しい社会変動が巻き起こります。本格的な技術が駆動する資本主義の始まりです。この技術革新と社会変化を伴う一連の変動を、産業革命と呼びます。

産業革命は、イギリスを中心にヨーロッパ諸国から起きたわけですが、資本の増大と経済成長によって競争が激化するとともに、さらなる原材料の供給地と市場を求めて、各国は新たな植民地獲得へと動き出します。先にお話ししたように重商主義の時代においても、金銀を中心とした物品を海外から獲得する活動は存在していましたが、産業革命以後、企業同士の自由な競争に駆り立てられながら、ヨーロッパ諸国は自国の工業のための原材料を、より安価に獲得する場所を世界に求めていきました。それと同時に、自国の工業製品を売るための「市場」の拡大を目的としても、植民地獲得を目指す動きが活発化していくのです。その結果、南北アメリカやアフリカ、インドや日本を含むアジアへと、西洋の国々は進出していきます。

急激な工業化によって、社会には大きな変動が生まれます。工業化／産業化が進むことで、生産物を生むための技術、設備などを有するごく少数の人々と、生産手段を直接持たず雇われて労働に従事する多くの人々とに社会は分かれることになります。ここに、資本家と労働者という二大階級が生まれることを指摘し、資本主義に反旗を翻す形で、労働者たちに資本家との「階級闘争」の道を示したのが、あのカール・マルクスでした。マルクスは、単に生産手段を持つか否かによって資本家と労働者が生まれ、その差が圧倒的なまでに開いてしまうことに、資本主義の大いなる矛盾があると考えたのです。資本家は利潤を上げるために、生産物を生み出すのに必要な労働時間を超えて労働者を働かせ、労働の価値を搾り取ろうとするとマルクスは考えました。いわゆる「搾取」です。

この搾取を是正すべく、資本主義の次のステージとして、人々が平等に生産手段を共有する共産主義の到来をマルクスは希求しましたが、歴史は皮肉な方向へと進んだことはご存じの通りです。

急激な工業化で人間が「疎外」される——マルクスの怒りの本質

そもそも僕らが働くのは、一体、何のためでしょう？　これは、シンプルにして、しかし誠実に答えようとするほどに簡単にひと言で答えるのは誰にとっても難しい質問ではないでしょうか？　もちろん、まずは「給料を得て生活をしていくため」、これが多くの方々の最初の答えだと思います。しかし、みなさん、それだけではないはずです。働く喜びや楽しさ、社会への責任感、誇りなど、さまざまな感情もそこに一緒にあるからこそ、日々続いているという方がほとんどでしょう。そして「生活のため」とまずお答えになったみなさんも、後から付け足すように口にした、仕事に対する「やりがい」などの想いが実は支えとなっている方も多いのではないでしょうか？

マルクスが19世紀前半の状況の中で抱いた怒りの根源は、端的に言えば、この「やりがい」を失わせてしまう社会に対してだった、という言い方もできるのかもしれません。産業革命という生産手段である機械を中心にした劇的な効率化によって生産性を高める競争が激化する中で、労働者たちは、いつの間にか機械の論理にからめとられ生産のための歯車のようになっていきます。その時、素朴にして原点にあった、働くことの喜びはどこかに消え失せて、ただひたすら生産ラインに奉仕する、機械の一部になったかのような意識に陥ってしまう人々も生まれます。こうした状態を、マルクスは「疎外」と呼んだのです。

資本主義社会において、しばしば労働者は労働の生産物から「疎外」されてしまいます。自らの労働で生んだものであるにもかかわらず、労働の生産物は生産手段を有する資本家のものとなり、安い賃金で働けば働くほど、その分資本家は安い労働力で生産物＝商品を生み出すことができるわけですから、資本家ばかりが富を得るという構図になってしまいます。さらには、このような状況が続けば、労働者は労働そのものからも「疎外」されてしまいます。つまり、働くという行為が働く本人にとって主体的なものではなくなり、労働から「疎外」された人々は、喜びであったはずの労働を苦痛としか感じられなくなるのです。産業化の進んだ資本主義下では、労働者は自らの労働によって生み出された生産物から「疎外」され、さらには自らの労働からも「疎外」され、挙句の果て、類的存在としての「人間」であることからも「疎外」されてしまう——、マルクスの疎外論は、生産と労働に関わるあらゆる過程に向けられ、最後は、人間そのものへの疎外に対する怒りを『経済学・哲学草稿』などの著書で若き日から表明しています。人間とは自由な意思を持った存在であり、自然に働きかけ、自らが生きる上で必要なものを生み出していく存在である——そのこと自体に喜びを感じるのが人間であり、本来労働とはそのように豊かなものなのだとマルクスは考えました。

　労働そのものからの「疎外」は、マルクスが格闘した時代を飛び越えて、現代のデジタル資本主義の時代にあっても、形を変えて起きていることなのかもしれません。仕事で得られる達成感などの「やりがい」につけ込んで、企業側が不当に低い賃金や長時間労働を労働者に強《し》いる「やりがい搾取」なども話題になりましたが、こうした明らかなものばかりでなく、いつの間にか忍び寄っているさまざまな「疎外」があるように思います。これらのテーマについても次章以降、考えていきましょう。

シュンペーターによる「マルクスの預言」への称賛

　さて、もう少しここでお話ししておきたいのは、マルクスの観察眼が持っていた、さらなる可能性です。マルクスが没した1883年には、奇しくも二人の「経済学の巨人」が生まれています。一人が第1章で触れたケインズ、そしてもう一人、オーストリア・ハンガリー帝国のヨーゼフ・シュンペーターです。彼もまた、変質し続ける資本主義と社会の本質に、独自のまなざしを向けていました。

　「利子」という仕組みの誕生以来、あるいは産業革命以降……、資本主義と市場が世界を覆う中で、ひたすら走り続ける、果てしない競争の場となった経済社会。その中にあって、変化、発展、成長の原動力となっているものは何か？　シュンペーターはこれを「創造的破壊」と呼び、また企業家たちの新たなビジネスモデル開発に懸ける思いを理論化し、その発想のエッセンスを「イノベーション」＝新結合という概念で語りました。時代の無意識とも言うべき、人々の潜在的な欲望にどのように応えるか、そこに資本主義のエンジンを、富の源泉をシュンペーターは見出そうとしたのです。

そんな彼の晩年の集大成とも言える著書『資本主義・社会主義・民主主義』では、しばしば逆説的な表現を用いて、文明論的な批評を展開しています。それは、資本主義について、非常に印象的なレトリックで表現した、次のような言葉によく表れています。

資本主義は存続できるか。いや、そうは思えない（中略）資本主義はまさにその成功ゆえに、システムを支える社会制度が揺らぎ、崩壊を迫られる状況が――社会主義への移行を強く示唆する状況が『必然的に』訪れる――

（『資本主義・社会主義・民主主義』ヨーゼフ・シュンペーター著　大野一訳）

シュンペーターは、マルクスの思想からロシアにおいて壮大な実験がなされた社会主義について、あからさまな否定の仕方はしていません。彼はさまざまな社会制度の理念と、それを人が担う時に生まれる「ねじれ」についてつぶさに観察し、冷静に言葉にしようとしています。その結果、資本主義というシステムについても、その限界にも思考をめぐらし、「資本主義はその成功ゆえに崩壊を迫られる」と表現したのです。他の書でも、資本主義が「自壊」するという論はしばしば登場するのですが、時には、「経済的には成功するが、文化的に自ら壊れる」などのニュアンスで、資本主義の限界をよく言葉にしています。しかしもう一つここで付け加えておかねばならないのは、シュンペーター自身は、決して社会主義を望んではいない、むしろ資本主義の存続を願っていると明言している点です。

さて熱い思いを持ちながらも冷静な観察者であり続けようとしたシュンペーターですが、マルクスについては、次のような語り方をしています。

知性や想像力が産み出すものは、大抵時とともに空しく消え去る。宴が終わって一時間もすれば、世代が変われば、消えてなくなる。だが、中にはそうではないものもある。輝きは失うが、また甦ってくるのだ。しかも、文化遺産の目に見えない要素としてではなく、その人の装いが見え、その人の心の傷に触れられるような形で甦ってくる。そうしたものを偉大なものと呼んで差し支えないだろう。偉大なものを生命力と結びつけるこの定義に全く不都合な点はない。その意味でマルクスの預言が偉大であることは間違いない。

（同書）

このようにマルクスを「偉大」と大いに称賛した上で、シュンペーターは、「偉大なものには闇の力がある」という意味深な表現を用いています。彼は資本主義を批判し、社会主義を擁護しているわけではもちろんありません。むしろ、社会主義に人々が惹かれていく状況を憂慮しつつも、その変化が避けがたい可能性に危機を感じています。医者が「患者の死が近い」と予測したとしても、それは患者の死を望んでいることを意味するのではない、というレトリックで心情を語るシュンペーターの思いは、常に引き裂かれているように見えるのです。

技術が社会を作る――マルクスの「闇の力」

さて、経済・社会の本質を考え続けたシュンペーターが評価するマルクスの可能性、その「闇の力」とは一体何なのでしょうか。それは、同じく『資本主義・社会主義・民主主義』で引用されている、マルクスによる次の言葉が象徴的です。

「『手動の製粉器』は、封建社会を生み、『蒸気式の製粉機』は、資本主義社会を生む」。この一文にシュンペーターがマルクスの思考に見出した大きな可能性の一つが集約されています。時代を画する技術の革新は、社会のあり方を規定していき、社会だけでなくその社会の中で暮らす人々の精神、ものの見方考え方など、無意識のレベルに至るまで影響を及ぼして規制していく、というわけです。

技術の変化は社会を変え、人々の無意識をも変える。この「闇の力」を、シュンペーターはまさにマルクスから読み取ったのです。シュンペーターはこう、記しています。

生産の形態・条件が社会の構造を決める土台となり、そうした社会の構造が姿勢、行動、文明を生み出す。（中略）日々の仕事で私たちの考え方が決まり、生産過程のどこにいるかで私たちの物の見方――物事のどの側面を見るか――や、社会にどれだけゆとりを感じられるかが決まるということだ。それぞれの生産形態にはそれぞれのロジックがある。（中略）個人や集団はその流れを変えることができない。（同書）

事実、僕らの暮らしは、こうした技術の変化に影響されながら変貌を遂げてきました。事務仕事の現場一つ取っても、かつては鉛筆やボールペン、万年筆などを使って手書きで作成していた文書は、ワード・プロセッサーの発明によってタイピングで行われ、やがてそれはPCに置き換わっていきます。手紙のやり取りは、メールの送受信に変わり、ワードやエクセル、パワーポイントといった、マイクロソフトオフィスの浸透によって、一気に表現のツールが「標準化」されていきました。インターネットが高度に発達し、フェイスブックやエックス、ラインといったさまざまなSNSを介して、人々はコミュニケーションを行うようになりました。技術の劇的な変化によって、僕らの仕事のツールが変わり、ツールによって取り扱われる情報の形や表現の形も変わり、その結果、仕事の進め方やそのルールにも影響を及ぼすようになっていきます。それはやがて、仕事や労働そのものの定義を揺さぶり、会社や企業など組織のあり方にも力を及ぼして、ひいては社会そのものを変えてしまうのです。

技術によって仕事のツールが変わったことは、そこで働く人間の心のあり方すら変えてしまいます。しかもそれは、仕事する当の本人ですら気づき得ない、心の奥底にある思いの形まで、静かに影響を与え、変えていくのです。かつては黒電話が鳴り響き、人々の話し声で充満していた雑音だらけの職場も、いつの間にか今や多くの会社で、PCのディスプレイに向かって黙々とキーボードを叩く、その音だけが響き渡るような空間となっています。それは確実にその場で働く人々の心にも変化を生じさせていると想像するのです。

時代の無意識が作る物語としての資本主義

さて、産業革命に始まる技術の歴史をどのように評価するかは、人によってさまざまですが、これを機械化による効率化から自動化、そして最適化と捉える考え方もあります。

【図5】インダストリー4.0（第4次産業革命）とIoT

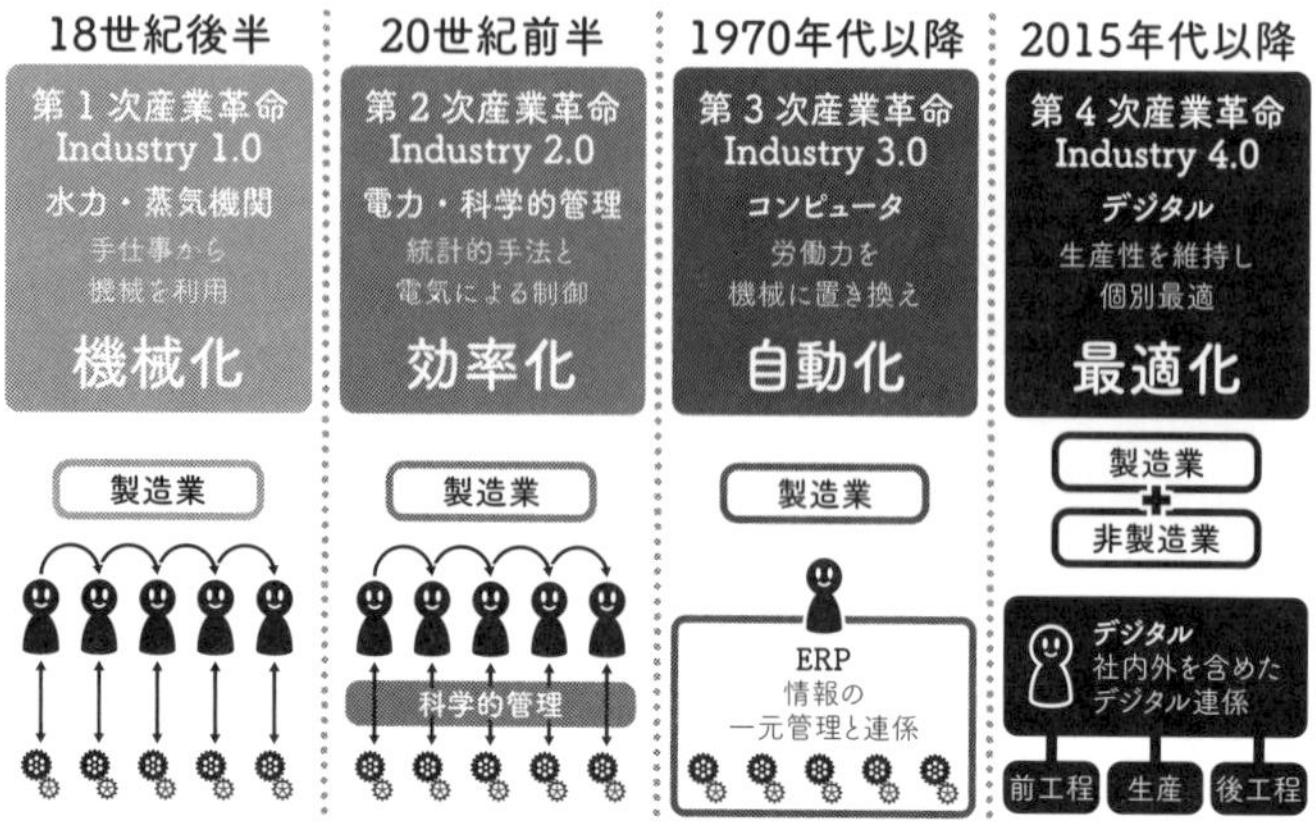

出典：ネットコマース株式会社

手仕事や水力だったものが石炭をエネルギーとして活用する蒸気機関の発明がなされると、より「機械化」が目指されます。やがて石油と電力が発見され実用化された時代にあっては、従来の機械化をより「効率化」することが求められ、実現していきます。その後、ITなどの情報通信技術の分野で大きな変革が起き、コンピューターの時代になると、より「自動化」が進み、今日のようなデジタルテクノロジーが高度に発達した時代になると個々人に合わせた「最適化」が目指されるようになっているというわけです。デジタル化と呼ばれる現代は、この「最適化」が一つのキーとなっており、その枠組みの中でどう欲望を捉えるのかということも大きな問題であると言えるでしょう。この「デジタル化」の時代においては、繰り返し述

べているように、「形なきもの」への欲望が駆り立てられていくようになるわけです。（図５）

現在進行中とされる第４次産業革命にあっては、〝モノのインターネット〟を言われるＩｏＴやＡＩ、ビッグデータなどの技術が主役となって、産業構造も転換されていこうとしています。そこで特徴的なのは従来の技術革新以上に個別のニーズに適応する開発である点です。人々の隠された欲望まで、テクノロジーによってあぶり出されていくことでしょう。

そして、シュンペーターが読み解いたマルクスの「闇の力」によるならば、こうした技術の革新によって社会そのものが変わり、その社会に生きる人々の無意識に至るまで、影響を与えてしまうのです。それはまさに僕らの「欲望」の形が、技術によって変貌を遂げると言っても過言ではありません。言い換えれば、僕らの社会制度や文化のありようは、資本主義の生産手段である技術、効率性を高めるために進歩してきたとされるテクノロジーが、その鍵を握っているのだということになります。

技術の変化は社会を変え、人々の無意識にも深く入り込む。常にこのような視点に立ち返りながら、僕らは時代の無意識が作る物語としての資本主義という、経済のあり方を見ていく必要があると言えるでしょう。

このように見てくると、仮に産業革命がなければ、資本主義というものもここまで強大な力を持つには至らなかったのではないかとも思えてきます。だからこそ、現代人が直面しているデジタル技術の進歩・発展というものもまた、これからの資本主義のあり方を決めてしまう可能性をはらんでいるのだとも言えます。マルクス／シュンペーターが言う通り、「技術が社会を規定」し、人々の〝ものの見方考え方〟まで決めてしまうことから逃れられない時代を僕らはいまだに生き続けていると言えるのかもしれません。

次の章は、こうしたことを踏まえて、いよいよ、現代の資本主義の構造について考えます。それは、「形のない資本」が動かす、資本主義なのです。

〔第3章〕

「形なき資本」が市場を駆けめぐる時

現代のデジタル経済の光と影

プラットフォーマーがもたらす「余剰」と「支配」の狭間で

「感情の商品化」「精神の商品化」が進む今

さて第1章と第2章で、過去の資本主義の姿を、社会の空気の変遷、「富を生むルール」の変化という視点から大きく捉え直してみたわけですが、いよいよ、現代の資本主義の構造や問題を考えていきます。

現代の資本主義。その特徴として、三つの大きな変化を挙げたいと思います。まずグローバル化、そして二番目にデジタルテクノロジー化です。ここまでは、すでに第2章でスティグリッツが指摘してくれたことでもありますね。インターネットで、SNSで世界がつながり、株式市場の動向も瞬時に世界を駆けめぐり、世界とのつながりをスマートフォン一つで日々体感しているみなさんの多くが、同意してくれるのではないかと思います。

デジタル化で経済的にも、さまざまな利害関係においても、常に簡単に「つながる」世界。このことを前提とした上で、僕があえて強調したい現代の資本主義の第三の重要な特徴は、経済のソフト化であり、サービス化です。さらに「欲望」という概念を通して、もっと生々しい言葉で表現するならば、「感情の商品化」、「精神の商品化」ということになると思います。「モノ」から「コト」へ、「コト」から「トキ」へという消費の潮流の変化があるということは以前から言われており、その流れに乗って拡大する「無形資産」という、目に「見えない資本」の概念も生まれてくるわけですが、この後でしっかり説明します。

デジタルテクノロジーの発達は、第2章で紹介したシュンペーターがマルクスに見出した「闇の力」、すなわち〝技術が社会の形を決める〟という洞察にもあるように、まさに経済そのもの、社会そのものの形を変えてしまっているのではないかと思います。そうしたコンピューターの処理能力の向上も背景として2023年はOpenAI社が開発したChatGPTの登場が話題をさらい、生成AIをめぐってその後も激しい競争が行われています。AI開発が現在進行形で急速に進み、僕らの仕事や生活のスタイルにまで大きな変化を与えているわけです。

インターネットの黎明期からグローバル資本、デジタル金融の発達、そしてAI開発競争の激化と、デジタルテクノロジーの発展は急速に進んでいるわけですが、こうしたAI化する社会は、膨大な量の「情報」を集めることで成り立っています。膨大なデータ、すなわちビッグデータは、「GAFAM」（Google、Amazon、Facebook、Apple、Microsoft）に代表されるようなビッグテック企業に集中し、巨大なプラットフォームがすでにネット上に構築されており、こうした一部の巨大企業による独占、寡占がしばしば問題視されるようになってからもう10年近く経ちます。行き過ぎた市場の支配力への懸念から、GAFAMに対する規制を設ける議論もヨーロッパなどで活発化しています。アメリカでも、グーグルの検索サービスの独占をめぐって、その是正策が、司法省、裁判所などをも巻きこむ大きな議論となっているのが現状です。そして今やそのGAFAMに、テスラとエヌビディアの2社を加えて「マグニフィセント・セブン」という言葉も生まれ、市場や社会に大きな影響力を持つテクノロジー企業の総称として広まっています。人類は何度かの産業革命を経験しているわけですが、2010年代に進行した「第4次産業革命」とも呼ばれるこの大変革は、それまでの製造業主体による「機械化」「効率化」「自動化」などとは次元の異なる変容を、僕らの仕事はもちろん、社会生活にまでもたらしています。

工業化時代とは比べものにならないデジタル技術が労働者に与える影響

デジタルテクノロジーというものが今までの技術革新などとは比べものにならないほど大きな影響を、いかに人々の働き方や社会に与えるか?

たとえば、自動運転の制御が可能なアプリの開発など、破壊的なイノベーションを天才的な研究者や開発者がたった一人、あるいは数人のチームで実現してしまったとしたら、何が起きるでしょうか？　ドライバーの雇用はもとより、有人運転の従来の自動車に関わる生産技術のあり方も大きく変化を余儀なくされるでしょう。ソフト開発による利益の独占、寡占の影響は、従来の単なる技術開発とはまったく異なる次元で波及し、社会の形自体を変えていく可能性があることが想像できるかと思います。ハリウッド映画のような妄想と笑う方もいらっしゃるかもしれませんが、実際、SFの世界と思われてきたことがある日突然実現する可能性がある時代に僕らはいるのです。

オーソドックスなもの作りの生産ラインでは効率化のために、言うまでもなく「分業」が機能してきました。20世紀初頭の自動車製造のために生まれたフォード・システムなど、この後の章で触れますが、一つの製品を作り上げる工程にさまざまな人々が生産ラインに並びますよね。その後のトヨタによるジャスト・イン・タイムなど海外でも取り入れられ、日本の生産性の高さを世界に示しました。そうした生産ラインでの仕事にあっては、効率化の追求と同時に、多くの人々に対して仕事を分かち合う、まさにアダム・スミスが言うところのdivision of labor＝分業／労働の分割の意味も生まれているわけです。それがデジタル技術の発展によって、アルゴリズムの次元で解決できる問題となった途端に、高度な技術が一人の頭脳、一つのスマートフォンの中で完結してしまうようなことも起きないとは限りません。もし一人の「天才」のみに富が集中することとなると、工業化社会が前提にしていた、生産ライン主導の経済的な分配のプロセスも崩れ、社会構造も不安定になる可能性もあるというわけです。すでにAIなどの導入で、身近なところではスーパーなどでの清算や支払いも消費者自らバーコードで行うこともまったく珍しくなくなり、単純労働の機会が徐々に減っているのはご存じの通りですが、これからもさまざまな場でこうした変化は常態化していくでしょう。

ちなみにこうしたデジタルテクノロジーの急激な発展も、1989年のベルリンの壁崩壊、91年のソ連崩壊という一連の出来事によって冷戦構造が解体したことに起因していたという見方もできます。アメリカもそれまでの軍事費を削減、その分がITなどのニューエコノミーに投入された結果、デジタル技術、デジタル経済の発展へと向かう駆動力となったというわけです。冷戦消失という一見資本主義の勝利として語られる状況が、デジタル経済へのアクセルを踏ませ、その果てに先行き不安定にさせ、ポスト資本主義待望論などを生んでいるのだとしたら、これもまた皮肉なことだと思います。

「希少」資源の配分から「過剰」資本の配分へ？

さて、デジタル化という現象のもたらす性質をもう少し産業構造の変化という視点から考えてみましょう。そのキー概念は「最適化」です。従来の製造業と新しい非製造業が組み合わさることによって組織構造の変化も生まれ、所属する個人や集団の意識にも変化が起きつつあると言って良いでしょう。日々メディアの経済面で話題となる、AI、DX、暗号資産、ブロックチェーン、Web3、メタバース、NFT、量子コンピューター、ゲノムといった言葉も、これらは結局デジタル化された情報として価値を持ち、その根底にある思考のベースはつながっているという見方もできるわけです。人間という有機的な存在を対象とするゲノムと無機的な技術によるITなど一見遠い関係のように思えますが、現代のゲノム解析は人間の身体自体をデータとして捉え直すことによって研究が加速化しており、その意味でも、生物学的な研究においてすらも、今やデジタル技術が重要な役割を果たしているのです。

ただ同時にここで注意すべきは、「最適化」ゆえの可能性と限界もあるということです。急速に進むAIも、現状は過去のデータを収集しある種の平準化された回答を出す技術にとどまっている場合がほとんどだということを、思考の枠組みに入れておくべきだと思います。AIによるデジタルな網の目から零れ落ちる感性から思いも寄らない発想が生まれる余地が、実は資本主義や社会を支えているのです。「AI的な情報」ばかりに囚われるのではなく、ある種のメタ的な思考や直観的なセンスが、これからの時代、より新鮮な意味合いを持って問われていくはずです。デジタルとアナログの追いかけっこのような状況がここにあるわけですが、それについてもこの後で、また第5章でも考えてみることにしましょう。

第1章でもお話ししたように、ポスト産業資本主義が全面化した現代にあっては、日本でも、人口の8割近くが第三次産業に分類される仕事に従事する産業構成の社会となっています。その中で駆動するデジタル資本主義には、さまざまなねじれが生じていると言えるでしょう。素朴なモノ中心の経済であれば、「希少資源の最適配分」という近代経済学の基礎的なフレームで考えればある程度予測できたことも、情報や知財などが行き交う資本主義にあっては状況を見誤りかねない可能性があります。人々の「感情」などまで含めて想像力の世界が「商品化」されているとすれば、それは「希少」と言うよりもはや「過剰」な領域を扱っているという考え方もできるのですから。単に「利潤最大化」を目指すプレーヤーばかりを想定した市場モデルを当てはめるだけでは、現状を把握することは難しくなっています。工業を中心とする資本主義の時代とは異なる発想をしなくてはならない理由は、こんなところにもあるように思います。

巨大プラットフォーマーによる寡占の中で

IT革命と言われた時代を経て、GAFAMのようなビッグテックと言われるプラットフォーマーたちが市場を独占し、半ば社会インフラのような役割を果たしている現状は、その功罪を含めてしばしば議論されています。このプラットフォーマーの台頭は、単に一つの業種、一つの企業体として特定の何かが伸びたというよりも、テクノロジーによって取引のあり方、社会慣行のあり方、さらに人々の意識まで、劇的に変えてしまったという点が非常に大きいと思います。ビジネスのベースとなるインフラを握った企業が圧倒的な強さを持ち、経済のみならず、コミュニケーションのスタイルなど社会のありようまで決めてしまうわけです。ビッグデータやAIは言うに及ばず、DX化＝デジタルトランスフォーメーション、IoTと呼ばれるモノとインターネットを結びつけサービスに接続させるテクノロジーなどのデジタル技術を活用することで、ビジネスモデルや人々の働き方は大きく変わりました。

素朴な例を挙げれば、たとえば90年代の終わりの頃なら「会社を休みます」と電話もせずにメールだけで伝えて上司に叱られたというのがよくある職場のエピソードでしたが、今はむしろ電話をしたら逆に「メールで済ませろ」と言われかねないのではないでしょうか？　リモートワークも含めて、コロナ禍によってもこうした動きは加速されたわけですが、もっと大きな視点で見れば、社会全体の労働慣行も変化し、デジタル技術との向き合い方もこの30年の間で多くの職場で大きく変わってきています。

会社と個人の距離感の変化、また意識自体の変化にも大きなものがありました。コロナ禍の中で新入社員となった方の中には、通勤が習慣化する間もなく自宅勤務となり、会社という場所は一体何なのか？　と考えるようになった方もいらしたかもしれませんね。実際、サテライトオフィスなども広がっています。ビジネスのモデルも、さまざまな場面での人々の振る舞いや意識も変わり、オフィスという物理的な空間の必要性も感じない人々も増え、仕事の進め方も変わっていくということは、当然ながら経済的な富の生み方に関するルールにも大きな影響を与えていきます。

情報に対するコストも非常に低くなりました。かつてであれば船便で届くまでに数カ月かかっていた商品が、現在ではAmazonなどの存在が流通のモデルを変え、そのスピードをめぐっての競争も激しさを増していることもご存じの通りです。実際、一つの情報が世界を駆けめぐり、その共有も瞬時になされるようになりました。株式の世界一つとっても、証券取引所で証券マンたちが押し合いへし合いしながら売買をしていた時代から、ネットで、ワンクリックですべての決済が終わる時代となり、ＡＩがディープラーニングを通じて膨大なシミュレーションを繰り返すかのように、もう何手先を読んでいるのかもわからないような世界に今僕らはいるのです。

経済の成長も今までのＧＤＰ＝国内総生産という数字の伸びで計測されることで事足りた時代から、それだけではその実態が見えない状況を迎えていると言えるでしょう。もともとその数字だけを単に社会の豊かさの指標とすることを疑問視され、多くの議論を呼んできたＧＤＰですが、いよいよ人々の成長の実感や国状のリアルを捉えにくい現状が生まれているのではないかと思います。

こうした捉えにくい、見えにくい現代の資本主義の本質を考える時、言わばそのベースとなる演出をしているのが「無形資産」という存在なのです。

デジタルテクノロジーによる「無形資産」の時代へ

では形のない「無形資産」とは？

対立する概念である「有形資産」、伝統的な資本のほうから説明したほうが早いでしょう。「有形資産」とは工場設備や機械設備であったり、今僕が話している目の前にあるパソコンであったりと、モノとして認識される資産、資本です。それに対して「無形資産」は、ノウハウ、人材、データ、ネットワーク、さらにブランドなど、物理的な形を持ちません。特許や著作権といった知的資産や、人が持つ技術や能力といった人的資産に代表されるように、モノとしての実体を持たない資産のことを指します。企業のブランド力、企業文化、あるいは経営能力、顧客情報や顧客基盤など、いずれも無形でありながら資本＝資産であり、デジタル化が進む今日においては、AIなどのデジタルソフトウェアもまた無形資産にあたると言えるでしょう。

その多くは情報として流通するものであり、こうした実態の見えにくい資本や価値に注目するイギリスの経済学者、ジョナサン・ハスケルは、〝無形資産は容易に規模を拡大できるという特性がある〟と語っています。スティアン・ウェストレイクとの共著で、その特徴の一つを

「スピルオーバー」＝波及効果と表現しました。彼によれば、たとえば、iPhoneの発売から一年半も経たないうちに世界中のスマートフォンがどれもiPhoneそっくりのデザインになったこともその一例です。iPhoneの仕組みや作り方を完全に真似ることは困難でも、デザインを真似ることはそれほど難しいことではないわけで、そうなれば、その形状が「売れ筋」とばかりに模倣が広がるのは当然というわけです。デザインとは、まさしく「無形資産」の最たるものの一つと言えるでしょう。

ある面で情報化され模倣もされやすい特徴は、資産性があっても、今日の情報通信技術の発達にあっては、登場した途端一挙に世界中に広がり、共有されてしまいます。無形資産は実体が伴わないがゆえに、会計制度上でも原則として資産に計上されない、あるいはできない状況が続いていました。この点を見直していこうという動きもあるようですが、やはり現金や証券、商品、不動産などの実体が存在する「有形資産」とは異なり、その資産価値の計測は、非常に困難なものがあります。

「無形資産」の時代においては、一国全体の経済動向を把握することも、確かに難しくなっています。たとえば、歴史を振り返れば、移動手段の進歩にあっては、列車も、自動車も、航空機も、そのスピードの向上は、誰もがわかりやすい数値で計測できるものでした。しかし、YouTubeや動画配信サイトなどで映画を見たり、音楽を聴いたりすることができるようにな

【図6】「世間一般からみた自分の生活レベルに対する意識」の推移

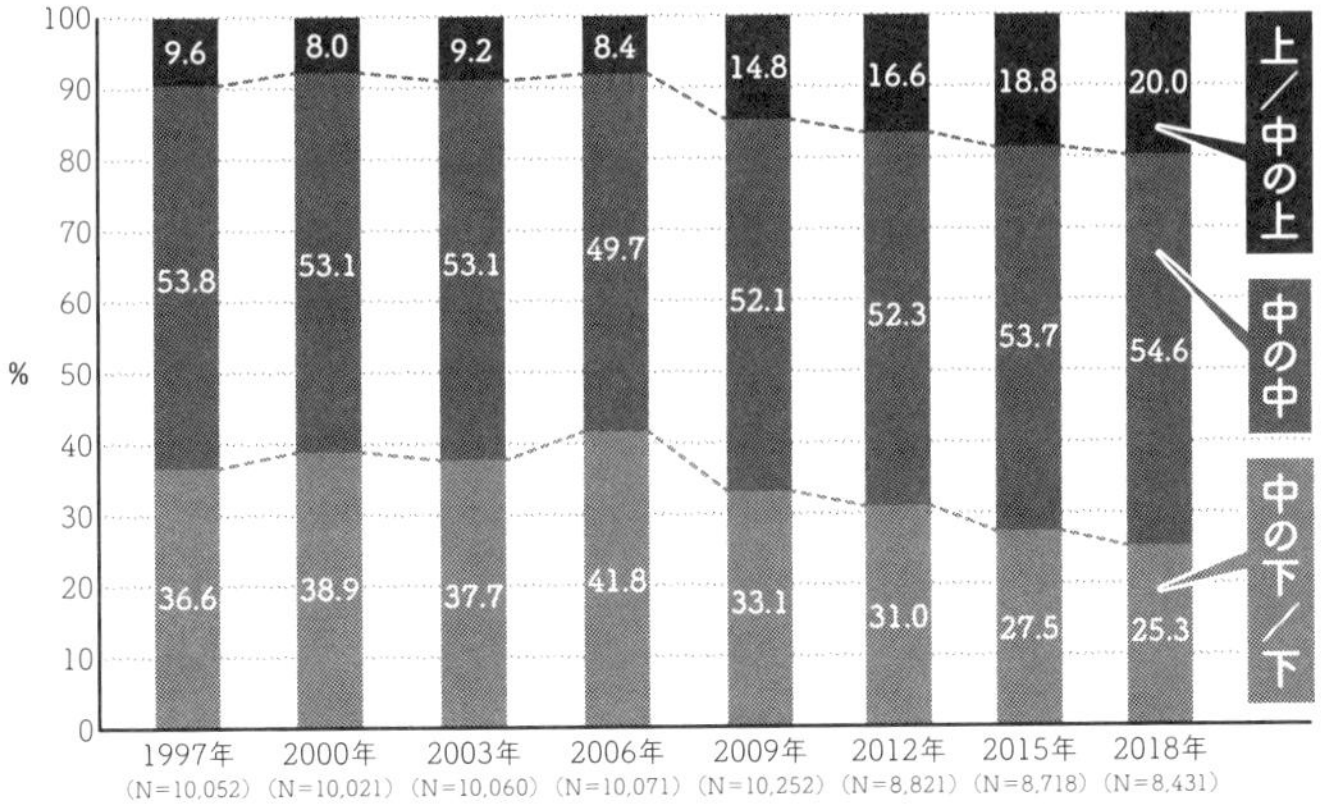

※無回答を除外して集計　出典：NRI「生活者1万人アンケート調査」（1997年～2018年）

ったことで、どれほど人々の満足度を高める効用があり、どれぐらい生活の質が向上したのか？　そのことが人々にどれだけの豊かさをもたらし、具体的な生産性を上げる効果となっているのか？　など、計測するのはとても難しいですよね。

野村総合研究所の調査・報告の中には、この30年、ＧＤＰや平均賃金などの経済指標はほぼ横ばいであるにもかかわらず、自分自身の生活レベルを「上／中の上」もしくは「中の中」とみなす日本人の比率は２００６年ではおよそ58パーセントだったのが、２０１８年では75パーセント近くと大きく上昇していると指摘しているものもあります。（図６）その要因として、デジタル技術による生活の利便性向上、言わば「消費者余剰」、この場合さらに限定して「デジタル余剰」というべきものがあるのではないかという指摘もなされています。

「消費者余剰」というのは、ある商品やサービスに対し、支払っても良いと考える金額と実際に支払った金額の差分のことを指します。ある種の「お得感」と言っても良いでしょう。それらは感覚の問題ですから、GDPという数字には反映されません。経済に占める無形資産の割合が増えるほどに、調査機関などが実態を捉えるために悪戦苦闘することになるのは当然と言えば当然です。こうした「デジタル余剰」があり、その恩恵を受けている以上、たとえGDPという数字の伸びに成長が表れることがなくてもそう心配する必要はないという意見もあります。

いずれにせよ、ソフトやブランド、アイデアといった形なき資産が、今、経済を動かす主力となっていることは確かなのです。企業側の論理にあっても、やはり売上は数字でカウントし評価するわけで、売買には表れにくい「経済的な価値」について人々の意識はまだ低いようです。IT技術を駆使しているにもかかわらず利益が上がらないことに焦りを感じ、新たなイノベーションの必要性が声高に唱えられますが、こうした光があたっていない価値、数字で簡単には計測できない価値についても思慮深くあるべきだと思います。

デジタル資本主義の中、「無形」の力が変えていく社会と人の心とは？

【図7】2050年には現在と違うくくりで経済が回る経済圏が誕生

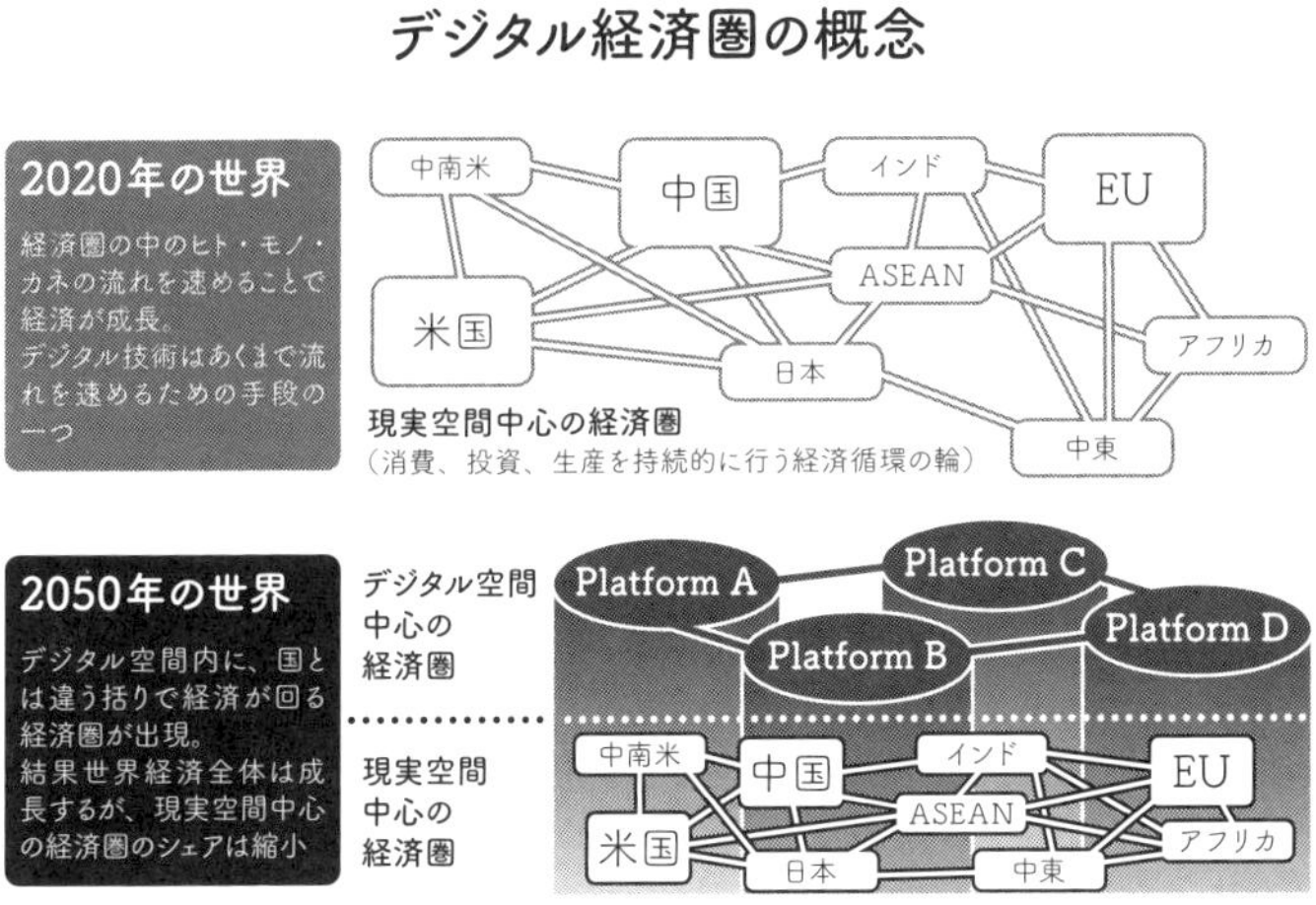

出典：三菱総合研究所

まだ始まったばかりのデジタルエコノミーの未来について、別のシンクタンクの報告ではさらに大胆なものもあります。コロナ禍以前ですが、三菱総合研究所が発表した「未来社会構想２０５０」（図７）では、世界経済におけるアメリカと中国のシェアが低下する一方で、インドの台頭が本格化するだろうという予測を立てるとともに、リアルの経済圏とは別に、デジタルの経済圏が独立して大きな存在感を示すという未来予測を提示しています。現状は、ヒト・モノ・カネの流れをデジタル技術によって速めることで経済成長を促すというものにとどまっていますが、それが２０５０年頃には、デジタル空間内に現実の国家とは別の枠組みで回る経済圏が出現し、それ

【図8】消費の変化

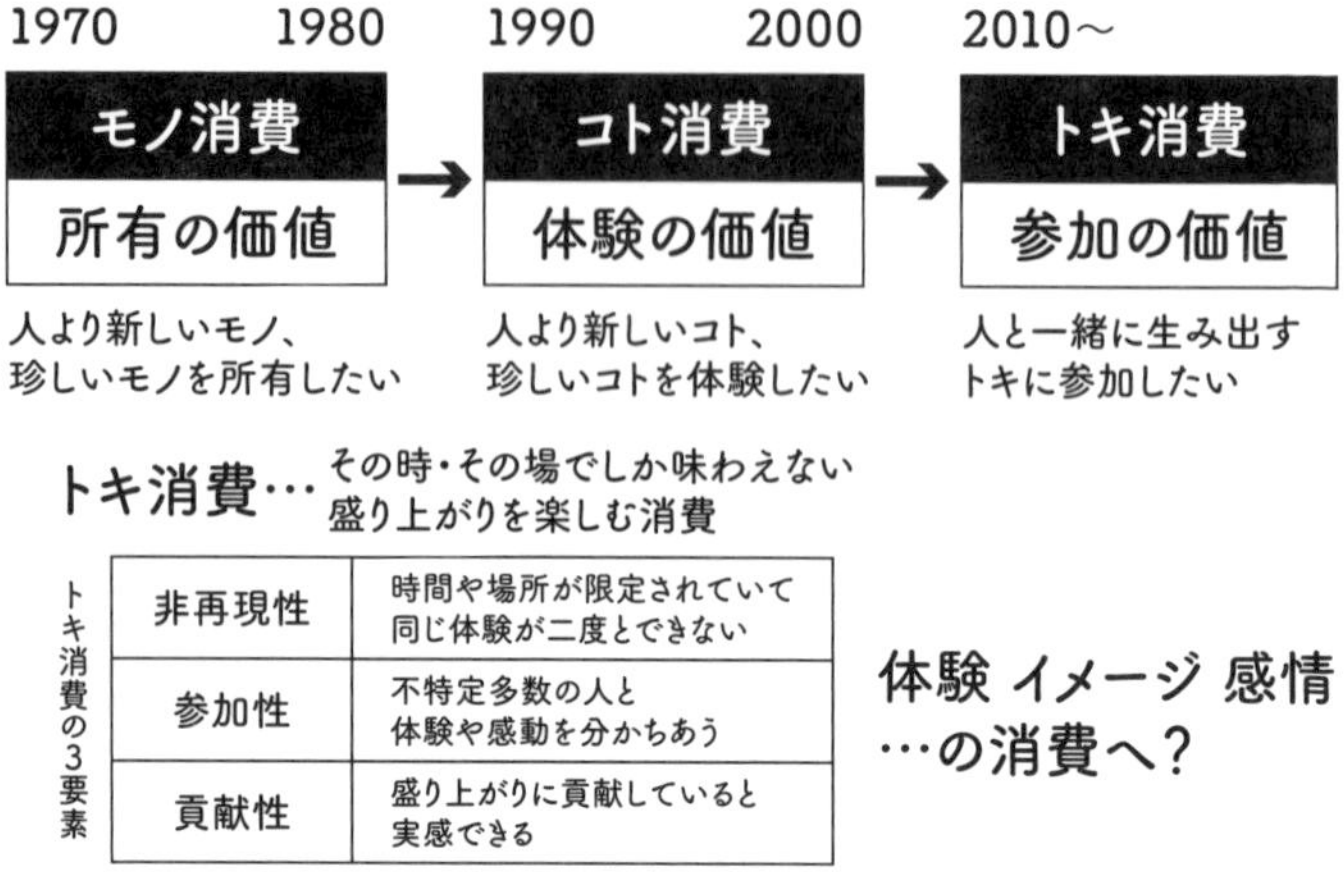

出典：HAKUHODO

によって、世界経済全体は成長するというのです。しかしその反面、現実空間中心の経済圏のシェアは縮小していくとされており、どこかで見たSF映画のような未来が展望されています。そこにパンデミックや国際紛争など予測が難しい不確実性のファクターがどう絡んでくるのか、慎重に考える必要はあるものの、デジタル技術によって成立する独立性を持った経済圏という発想は、少なくとも若者たちや自由な経済活動に挑戦する人たちの希望や夢となるストーリーと言えるでしょう。

また別の博報堂の資料（図8）から引用すると、デジタル化によって我々の消費対象は、「所有」から「体験」「参加」へと変化しており、「その時、その場でしか味わえない盛り上がりを楽しむ消費」が重要視されるようになっているという、こんな予測もあります。これは、少し皮肉な見方をすれば、その価値はその時々の人々の気分によっても左右され、不安定になり得る要素をはらんでいます。もっと素朴に人口に膾炙《かいしゃ》した表現では、「共感」がビジネスになるという言い方も近年よく耳にしますよね。メディアでも「ワクワク」感を訴えかける表現や商品が多数飛び交い、流通していることにも気がつかれることでしょう。

つまりデジタル社会は、人々の参加への感情、またひとまず承認欲求という言われ方もされるような自意識など、心にさざ波を立て、従来の経済学で言う「インセンティブ」のようなものよりもっと生々しいある種の「感情」を呼び覚ましたのではないでしょうか。逆説的なことに、近代社会の文明である技術の追求の果てに、デジタルテクノロジーそしてデジタル経済は、「中世の扉」を開き、人間の主体性や理性の問題を浮かび上がらせた、とも言えるでしょう。インターネットという技術自体の特性が、そうした側面を刺激し解放しているとも言えますし、また結果人々がそこに吸い寄せられ、「感情を商品化」する行動の色合いが、より強まっているのではないでしょうか。

ネットの空間の中に現実空間とはまったく異なる、独立した経済圏ができれば、それは現実の国民経済のあり方にも影響を与え、ＧＤＰのような指標による国家の経済力の計測の仕方自体がいよいよ変更を迫られ、世界のお金の流れも、資本主義のあり方も、また異なるステージを迎え、新たな「欲望の物語」を必要とするようになることでしょう。そこまで一足飛びに行かずとも、モノ消費からコト消費、そしてトキ／イミ消費へと消費者のあり方が変わってきている現在の流れの延長線上にある未来の可能性も視野に入れておかねばなりません。

現代の主力商品「無形資産」の四つの特徴

さてハスケルらは、存在感を増す「無形資産」の特徴を、先述したスピルオーバー（Spillover）に加えて、スケーラブル（Scalable）、サンク性（Sunk）、シナジー（Synergy）の四つにまとめ、頭文字をとって4Sと総称します。

スケーラブルとは、無形資産が持つ拡張性です。一つの物理的な資産では複数の場所で同時に使うことはできませんが、無形資産はそうではありません。同時に、しかも何度も用いることができます。たとえば世界に展開するコーヒーチェーンの店舗マニュアルは、一度完成度の高いものができたならば、それはどこの店舗でも使えるものになるわけです。あるいはヒット商品の製法でも、それが一度開発され、確立されたならば、世界中の国々でその製法を用いることができます。

またスピルオーバーとは逆のケースになりますが、サンク性という特徴が表れることもあります。サンクコスト＝埋没したコストという意味ですが、つまり無形資産の簡単には転売しにくい性質を指しています。クリエイティブな発想などは、当然のことながらそれを有する社員個人に紐づいていますから、そのこと自体を検証しにくく、同時に広がりを持たせることが難しく、埋もれている部分が生まれることを示しています。

次にシナジーとは、先に述べたスピルオーバーとも密接に関係していますが、アイデアとアイデアの組み合わせで生まれる効果を指しています。もともとある発想、想像力による思いつきなどは他のアイデアと組み合わせることで、さらに効果的に力を発揮することも多いわけです。その相乗効果が生まれやすい特徴を表現しています。知的財産は、資材のような物的資産と異なり拡張的で、波及しやすい、スピルオーバーという特徴とセットで考えることができるでしょう。

こうして、ハスケルらによって「無形資産」の特徴、経済に与える影響は四つに整理されているわけですが、きれいに分けられない要素や、矛盾する要素もそこにはあるように思います。時には、逆方向に働く二つの力があり、それをどう捉えるか、難しいケースも多々あります。たとえば、規模を拡大しやすいというスケーラブルという特性も、スピルオーバーという特性との間でせめぎあいが生まれることは、企業サイド、消費者サイド、それぞれの立場を想像してみれば、すぐわかりますよね。先のコーヒーチェーンのケースなら、独自に作ったマニュアルを系列店に広げて（スケーラブル）成功させるまでは良いかもしれませんが、他店にマネされたら（スピルオーバー）困りますよね。しかし、それも消費者にとってはありがたい話かもしれません。アイデアとして拡張できるということは模倣もされるということで、スケーラブルとスピルオーバーは、生産者サイド、消費者サイド、双方から見て利害が相反することになりそうです。

ハスケル自身も、経済活動全体の視点から見た時に、「スピルオーバーの面から見れば、無形資産には平等化を進める力があると言えるでしょう。不平等を広げる力とは逆方向に働く力です。しかし、現時点では不平等へと向かう力のほうが強いようです。これが将来的にどうなるかはとても難しい問題で、まだ答えは出ていません」と疑問を投げかけています。

GAFAMというビッグテック企業の社会を支配する力

90年代の終わりにGoogleが登場してきた頃、あのシンプルなＷｅｂの入り口を見て、ユニークな企業だなと素朴に感じる方は多かったように思います。しかし、それが今やインターネットの検索エンジンの世界シェアのほぼすべてを独占しているような状況となっていることはご存じの通りです。本来、さまざまなプレーヤーが競争し、互いに刺激し合い、市場が拡大・成長するという、健全な競争原理から外れてしまっているのではないかという問題がずっと指摘され続けています。ＧＡＦＡＭといったビッグテック企業、巨大プラットフォーマーたちの市場における競争優位性、独占的な存在感がますます高まっていることへの懸念と警戒です。その絶対的な力は、これらの企業が所有する無形資産によって決まると言えるでしょう。

ハスケルらは著書の中で、Appleのデザインとソフトウェア、コカ・コーラの製法とブランド、Microsoftの研究開発と研修、Googleのアルゴリズム、Ｕｂｅｒの運転手ネットワークなどを、無形資産の例として挙げています。確かにGoogleのアルゴリズムというものはまったく形がないものの典型で、税務上、どのような資産かと問われると定義が難しいように思えます。アルゴリズムのような「情報」はこれらのプラットフォーマーにとっては非常に重要な資産なのです。２００６年の時点での古いデータになりますが、Microsoftは当時約７００億ドルの総資産のうち、工場設備などの有形資産の部分は30億ドルしかありませんでした。つまり総資産の４パーセントほどが有形資産で残りの96パーセントがほぼ無形資産だったわけです。すでにWindowsなどが世界を席巻していたわけですが、たとえば自動車メーカー大手のＧＭなどがどれだけ多くの工場を持っているかなど、そうした旧来の企業価値では測れない時代に突入していたと言っても良いでしょう。２０１０年代後半にはこの流れは加速化し、有形資産に比べて無形資産の割合が非常に高いビッグテック企業が独走し、２０２０年代以降は「ＧＡＦＡＭ」と呼ばれるようになったというわけです。これらの企業の特徴である、アイデア、ブランド性、サプライチェーン、人的資本というものはなかなか数値化できるものではありません。もっと乱暴に言ってしまえば、「この会社なら何かやってくれそうだ」という未来への期待感のようなものが、こうした企業の重要な資産であり、企業価値を支えているように見えます。

俯瞰して考えると、これまでの近代的な発想で言えば、ある種、明確に数値化できるものこそが投資の根拠であり、それが構造的に僕らの経済を成り立たせるというのが、産業資本主義・工業化社会の特徴だったわけです。コンピューターが1台10万円するとすれば、使われている半導体や組み立てに必要なプラスチック部品などに人件費を上乗せして、原材料費などから製品の構造を解析して10万円という価格を理解するわけですが、無形資産はむしろ付加価値の部分こそが重要であり、その無形の期待や情報の価値というものによって経済が動く時代へとシフトしたと言えるわけです。

巨大化するGAFAを分析した、起業家であり研究者でもあるスコット・ギャロウェイは、Googleのことを神に喩《たと》え皮肉っています。我が子が病気になった時、かつては神に祈りましたが、今ではまずGoogleの検索にかけて、病がどんなものであるかを調べるというわけです。今や神への祈りとは、「うちの子は大丈夫でしょうか」という願いをはらんだ問いかけですが、今や、その問いは神にではなくGoogle検索によって代替されているかのようだとギャロウェイは状況に疑問を投げかけるのです。

こうしたプラットフォーム企業が持つ力は強大で、自らの市場を拡大するとともに独占し、その結果、健全な競争が十分に起こっていないという指摘もあります。税金の面でも優遇され、にもかかわらず、働く従業員の一部は低賃金に喘《あえ》いでいるのではないか？　という疑問です。

これについてもギャロウェイは「GAFAは雇用を創出していると言われますが、他方で雇用を破壊してもいます。少数の雇用を創出し、多数を破壊しているのです」（『欲望の資本主義3 偽りの個人主義を越えて』丸山俊一＋NHK「欲望の資本主義」制作班）と断言し非難します。確かに、アダム・スミス以来のフェア・プレイの精神はどこかに行ってしまい、「さまざまなプレーヤーによる健全な競争」が失われている状況は否定できません。

ギャロウェイの言葉に続けるならば、多くのイノベーションが求められる時代に、ブレークスルーの誕生に大きな障壁が生まれているという危惧にもつながります。いずれにせよ、無形資産のようなデジタルの情報化と相性の良い資産は、インターネットの拡大とグローバリゼーションの進展が組み合わさることでより肥大化し、その結果が、現状、格差を拡大するとともに、固定化させる傾向があることは、しっかりと認識すべき問題ではないかと思います。

労働からの解放か？　際限なき「創造性」の搾取か？

アイデアの差異化が駆けめぐる時――「共感」が商品になる？

このような無形資産を中心としたデジタル資本主義は、トキ消費／イミ消費とも密接に関わっています。いよいよ「差異」によって利潤を生むことで経済を動かしていく社会が全面化しているという言い方もできるでしょう。定番の商品であっても、常に変化や新たな要素が求められます。消費者がそこに少しでも「差異」を感じられるように、作り手たちは日々、彼ら彼女らの欲望を駆り立てることを目指します。かつて『欲望の資本主義』の中でも、哲学者マルクス・ガブリエルが「iPhoneを発明しても、同じiPhoneを作り続けているだけではダメだろう？」とアイロニカルに言ったことがありますが、いくら素晴らしい商品であっても、そこに新しさを感じさせる「差異」がなければ、資本主義は機能しないというレトリックでした。

無形資産に基づくデジタル資本主義は、こうした差異に彩られています。有形資産が中心だった工業化社会であれば、「もっと速い自動車を作ろう」とか「もっとコンパクトな携帯電話を作ろう」「省エネで効率的なエアコンを作ろう」という具体的な技術の改善、開発など、その多くはある領域の中で性能を高めることにしのぎを削る競争でした。しかし、その後のポスト産業資本主義、さらにはデジタル資本主義の時代は、想像力の領域にある形なきものが価値を持ち、そのアイデアがまた別のアイデアと結びつき、「差異」を生むための競争を加速させていくのです。これは、ある意味、奇妙な空中戦のような不思議な競争の時代です。

こうした競争の先に待っているのが、感動という体験やその体験をする時間を商品として売り買いするという、さらに不思議な現象だという言い方もできるでしょう。たとえば映像作品でも、「ワクワク」「ドキドキ」「泣ける」「笑える」「気分がほっこり」など、視聴後に生まれる感情の体験を「売り」とする広報戦略はネット時代に急激に広まりました。映像に限らずさまざまなビジネスにおいて、その商品が、その時空での体験が生み出す感情を訴える流れは強まる一方で、次第に消費者たちもその渦に巻き込まれるかのように、「ロコミ」によって「バズる」ことで、ある種の「感情消費」文化を一緒に形成していく状況になっています。消費者がサポーターとなって、愛する「感動体験商品」を「推し」、「祭」を盛り上げるかのような潮流……、これも一つの自由主義経済、資本主義の可能性を広げていく一側面であることは否定できません。

しかしこの問題が本当に難しいのは、感情という商品は、無機質の機械や物などの商品とは、まったく異なる性質があるということです。当然のことながら、感情は、人の心は、揺れ動きます。単に書きやすさを求めてペンを買うのとは違うのです。その見分けがつかなくなり、安易に感情を買えると思ってしまう時、感動はコモディティ化、すなわち日常的な消費財になってしまい、いつの間にか負の感情を引き起こすものにすら転化してしまいかねません。もともと感動は、仕掛けられてするものではないという当たり前のことを確認しなくてはならない悲喜劇がそこにあります。

そして一度得られた感動もやがて色あせ、再びさらなる、より大きな感動を求める欲望が生まれたとしても決しておかしくはありません。いずれにせよ、ネット上では、さまざまな言葉、感情が集団心理のように増幅されて、いつの間にか自らの意思がわからなくなり、どこかへ流されてしまうこともあります。

「共感」という心の働きすらも、いつの間にか、単なる付和雷同、人目を気にする忖度《そんたく》、心の弱さのシグナルにすり替わってしまうとしたら、スミスが人間の本性とした時のその定義からまったくかけ離れたものになってしまいます。「共感」が商品として流通しかねない倒錯的な状況にも自覚的でありたいと思います。

「創造的であれ、さもなければ死だ！」――「デジタル疎外」か「小さな資本家」か

さて、アイデアやデザイン、情報などが主力「商品」となって市場を駆けめぐる現代社会に

おいては、絶えずその「商品」に、イメージや表現の領域を主戦場に差異を生み出していく競争が日常化することになります。その延長線上で、承認欲求、自己実現の欲求などといった人々の心を満たす要素にも市場的な価値が見出されることとなり、人々の心の領域が、利潤を生むターゲットとされていくような状況も生まれているわけです。常に差異を生むこと――、日々「ワクワクを生むこと」「アイデアを出す」ことが課され続ける……、そんなビジネスシーンが今やそこかしこに広がっていると言っても良いでしょう。

嫌な言葉を使えばそこで「値踏み」されているのは、言わば創造性です。デジタル資本主義は、従来の有形資産の生産設備から生まれる富の限界を超えた、無限の生産と消費を可能とする、夢の資本主義なのか？　それとも……？

今は亡きフランスの経済学者であり社会哲学者でもあったダニエル・コーエンは、「現代の社会はすべての人々に創造的であれ、さもなければ死だ！」と迫るものだと警告を発しました。コーエンのインタビューにあって実に印象的だった言葉は「すべての人に芸術家であることを強いるような社会は過酷だ」というものです。すなわち、創造性という人知のコントロールが及ばない領域の能力、天からの才能を、「すべての人」の強迫観念にしてはいけないという強いメッセージでした。

実際現代のポスト産業資本主義では、工業化の時代のようにある程度安定的に人々の分業が保たれるのではなく、個々人のアイデアの発揮、変化への対応が恒常的に試される要素が強まっています。昨日より今日、今日より明日という素朴な向上心が自発的に生まれて仕事が進むうちは良いのですが、それが義務となり耐えられない精神の負荷となっては、本末転倒です。クリエイティブな仕事が、あらゆる人に「強いられる」社会へと進みつつあるのではないか？こうした状況が社会の不安定性へとつながる可能性をコーエンは示唆《しさ》したのです。

ここで確認しておきたいのは、コーエンの批判も、本来、自然な能力の発露としてむしろ表現の喜びを伴って発揮されるような創造性が、強制によって苦行の労働と化してしまうような皮肉な逆転にこそ向けられていることです。差異化の競争の果てに生まれる悲喜劇であり、ここにポスト産業資本主義の功罪があり、光と影があります。

かつて工業化社会の下で人間が「疎外」される現実を嘆き批判したマルクスも、現代のデジタル領域が急速に拡大するこの現状を目にしたなら、ひとまず厳しい批判を口にしたことでしょう。「類的存在」である人間が、今や情報としてのデジタル空間を駆けめぐり、無形資産である「人的資本」としての価値を持つ時代、すべての人間がたちまちにデジタルの世界の中でデータに置き換えられていく現状を知ったなら、驚きとともに深い憤りを抱いたとしても不思議はないように思います。

実際、都心では、通勤、通学の電車の中ではとんどの人々がずっとスマートフォンのディスプレイに釘付けになっている状況は、もはや珍しいものではありません。「技術が社会を規定する」ことに敏感だったマルクスは、このデジタル技術に振り回されているかに見える状況を大いに嘆き、「デジタル疎外」とでも名づけ、人々を啓蒙しようとしたかもしれません。デジタルは人間の解放ではなく、むしろ、「疎外」を招き、個々人の人間性が搾取され、蝕《むしば》まれているのではないかと憤慨した可能性は高いように思います。

しかしその一方で、「生産手段の所有」という視点から、資本家と労働者という二大階級が生まれることを指摘した理論家としては、無形資産の光の部分にもスポットを当て、別の可能性を見出したかもしれません。スマートフォンのような高度なテクノロジーが、人々に安価でもたらされたことで生まれる可能性についても着目したことでしょう。今や、安価で高度なデバイスを手に入れた労働者が「小さな資本家」としての可能性を持ち始めたと捉えることもできるように思えるのです。

さまざまな若者たちがスマートフォンを駆使し、身近なところにある需要を掘り起こし、課題解決のためにアプリを作って発信するということも実際に起こっている現実です。それはそれで、ある種の「生産手段」＝「資本」の解放であり、このような「小さな資本家」＝「社会課題の改革者」の誕生と、その発想が部分的でも社会に風通しの良さをもたらす可能性については否定しなかったように思います。

果たして無形資産が駆けめぐるデジタル資本主義は、人々を「労働の搾取」から解放してくれるのか？　あるいは、絶えざる「人間性の疎外」をもたらすのか？　こうした社会の変化についても、光と影、両方の可能性があることを丁寧に観察し、その功罪のバランスを考え続けねばならないでしょう。コーエンの言葉を重く受けとめつつ、同時に創造性／想像性の発揮を日常的に強く望まれるこの資本主義の中で、どのような構えで対処していくべきか？　第5章で深く考えます。

交換価値ばかりが駆けめぐる世界の到来？

二種類の価値がコインの裏表のように商品を構成している？

さて、では「無形資産」時代の市場は、どんな様相を呈することになるのか？　今まで積み重ねられてきた「価値」をめぐる議論などを交えながら、考えてみましょう。

差異を生むことが求められる市場。そこでは、今までの商品とは少しでも異なる意味や価値が見出されることが重視され、「付加価値」による競争が激しさを増すと、語られます。先のガブリエルの言葉通り「同じiPhoneではダメ」なのです。機能が同じでも少しでもデザインが異なる、色合いが異なる……、新たなイメージを喚起するような商品が求められ、今までの自社製品との違い、他社製品との相違を消費者にアピールする「差別化」に重きが置かれるようになります。この付加価値の創出と差別化こそが、ポスト産業資本主義時代における商品開発の基本中の基本となる戦略というわけです。逆に言えば、その根底にあるのは、「差異さえあれば商品になる」という思想とも言えるのかもしれません。

しかし、こうして微細な差異をめぐって競争がなされ、新製品が世に出る市場ですが、商品自体の価値は、その価格として、取引が成立すれば売上として数値化されます。そして単なる数字へと還元され、売上帳簿や経理のバランスシートに載るわけです。多様な差異をめぐって細部までしのぎを削ったはずの競争も、市場での取引の結果、結局は、単に一直線上での数字の多少で表されるものとなります。同じ1万円で売った、あるいは買った商品でも、その数字の背後にはさまざまな、人それぞれのドラマや思いがあるはずなのですが……。

何を当たり前のことをと思われる方もいらっしゃるかもしれませんが、子どもの頃、初めて小遣い帳に、お菓子を買っても文房具を買っても200円は200円と記入した時、微かに何か違和感が残りませんでしたか？　まったく異なる商品が同じ数字で表されて同じページに並ぶこと、お金の論理にあってはお菓子も文房具も、同じ200円と表記されるということ……。

さて今現在に意識を戻しても、デジタルソフトで表のマス目の中に、商品という多様な欲望の形をきれいに消し去った代わりに数字を打ち込んでいくこの変換の時に生まれる意識の変容については、考察すべき意味があるように思います。子どもの頃の違和感、驚きをあらためて呼び起こしてみると、実はそこに資本主義の市場における神秘が眠っているのではないでしょうか？

商品が貨幣に換わる、その瞬間。そこで起きていることは、マルクスがかつて「命がけの飛躍」と表現したことがありますが、実はかなり不思議な変換がなされているわけで、現代の「無形資産」が取引される市場でこそ、そこで起きていることの本質をあらためて考えてみる意義がありそうです。それを考えるためには、そもそも商品の「価値」とは何か、について考えてみましょう。市場においては売る側と買う側の綱引きによって、商品の「値段」は決まるとされるわけですが、「価値」とは一体何なのでしょう？「値段」＝「価値」と単に結びつけてしまうだけでは、交換の神秘に潜むものを見逃してしまいます。

商品の価値には二つあるとしたのは、「経済学の父」アダム・スミスでした。一つは、人々の欲望を満たす「使用価値」、そしてもう一つ「交換価値」を指摘して、二つに分けることで、経済学として扱うのは「交換価値」であるとしたわけです。「使用価値」とは、商品本来の性質に基づくもので、文字通り商品を「使用」する時に役に立つ価値です。たとえば腕時計の「使用価値」は、腕につけて持ち運びが容易で、いつどこでも時間を教えてくれることです。

あるいは眼鏡の「使用価値」は、目が悪くてもそれをかければよく見えるようになることです。「交換価値」は、ある商品と他の商品との交換比率として現われるものです。ですから、一般的に市場においては「値段」として表されるようになるわけですが、マルクスは、その商品を生産するのにどれくらいの労働量が必要であったかによって測られるものと考えました。たとえば、仮に腕時計と眼鏡が同じ「交換価値」であれば、平均的な労働力を想定した場合に同じ時間の労働量が投入された結果だというわけです。他の物と交換するための目安になる価値という言い方もできると思います。つまり、商品の価値には、それを使うことで実感できる、商品に備わる性質に由来する価値＝「使用価値」と、他の何らかの品物との交換に値することを示す価値、市場にあってお金の額で表現される価値＝「交換価値」があるわけです。

しかし、実際の市場で後者の「交換価値」は、マルクスが定義した通りに取引が実現することはむしろ少ないのが、現代の資本主義ではないでしょうか？　この現象の本質を考えるため、さまざまな分野の思想のモデルを組み合わせてみましょう。

「交換価値」が「使用価値」を生む？　奇妙な逆転

商品の市場における交換と言語による社会的なコミュニケーション。この二つの現象は、この世の中で人と人とをつなぐものとして似た構造を持っていると言われてきました。それを踏まえて、言語学のモデルを、貨幣をめぐる経済現象に重ねてみたらどうなるか？　その代表的な試みが「構造言語学」の思想を当てはめての読み解きです。

19世紀末から20世紀に活躍したスイスの言語学者フェルディナン・ド・ソシュールは、一つの言語をシニフィアン＝記号表現と、シニフィエ＝記号内容との組み合わせであると考えました。シニフィアンはフランス語で「意味するもの」、シニフィエは「意味されるもの」という意味です。たとえば、猫という動物のことを、「ネコ」という表記で表現する時、その表現自体がシニフィアン（記号表現、意味するもの）で、「ネコ」という音を聞いた際に頭に思い浮かぶイメージがシニフィエ（記号内容、意味されるもの）ということになります。このソシュールの着想の革命的なポイントは、シニフィアン＝記号表現によって恣意《しい》的に切りとられることでこの世界の構造は生まれ、シニフィエ＝記号内容は、言わば事後的に成立したものだということにあります。（図9）

ソシュール以前には、言語とはすでにある概念や意味を指し示す後付けの記号のように考えられてきました。この説明のほうが、みなさん素直に納得されるのではないでしょうか？　つまり、「ネコという種」ならば、イヌやオオカミのような他の動物種とは区別され、先に切り取られて確定した概念があり、それを指し示すための記号として「ネコ」という言葉が生まれたという順序です。あらかじめ存在したシニフィエ（記号内容）に対して、シニフィアン（記

【図9】シニフィアン／シニフィエ

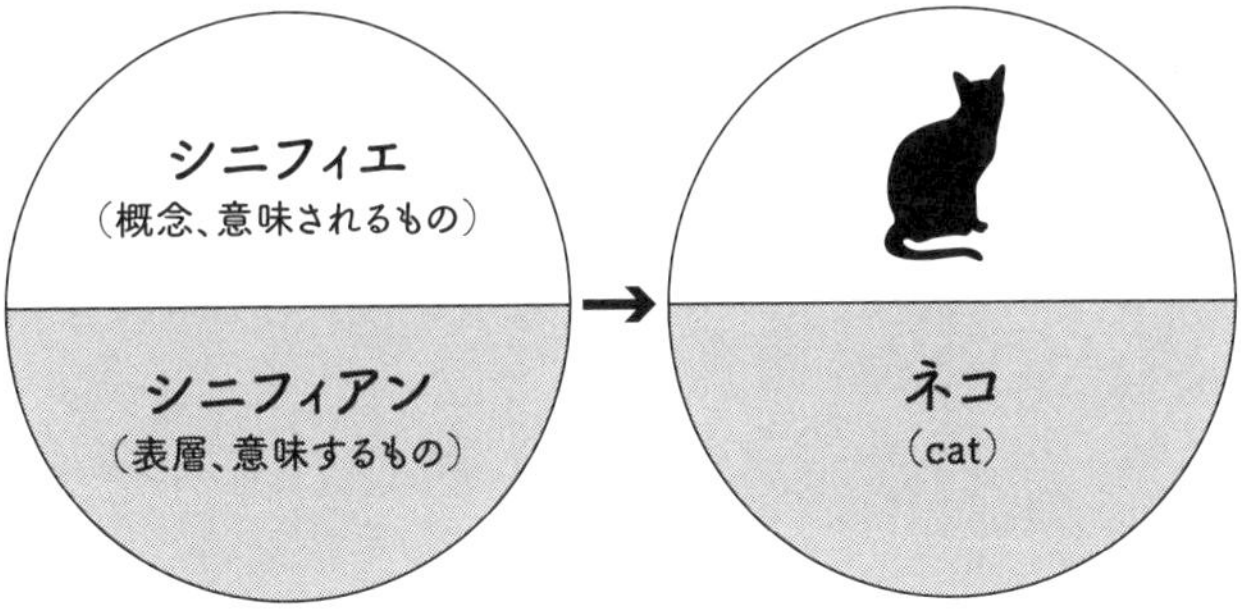

号表現）を当てはめるという順序ですね。ある意味、これが常識的な考え方ではないかと思います。

しかしソシュールは、この言語観を転倒させ、180度真逆の議論を展開しました。つまり僕らが生きている世界は、言葉を知る以前から概念や事物が切り分けられ分類されていたわけではなく、むしろ言葉があることによって分節化され、そこに意味が生じ、概念が確立されていったのではないかと言うのです。つまり、「ネコ」という種が先に存在して、それを言い表すために「ネコ」という言葉が生まれたのではなく、まったく反対に、「ネコ」という言葉・記号によって、「ネコ」という種が認識として切り分けられ存在するのだと、ソシュールは考えたわけです。分節された言葉は、他の言葉との差異においてのみ規定され、記号の体系を作ります。それは恣意的なものであり、たとえば「ネコ」は「イヌ」でも「ウサギ」でもないから「ネコ」だとしか言いようがないのです。つまり、言葉が境界のない連続的な世界を切り分けることで、概念の輪郭や、僕らが知覚できる事物や現実の形が作り上げられるという順序です。言わば、言語によって世界はできているというものの見方です。

僕らは言葉によって現実を切り分け、この世界を理解している、先にシニフィアン（記号表現）の世界があるからこそ、シニフィエ（記号内容）が生まれる――。一つの言葉が意味を持つのはシニフィアンとシニフィエが不可分に結びついているからなのですが、まずシニフィアンによって現実が区別され差異が生じることが先だというのです。哲学や思想の領域においては、ソシュールのこの着想の登場によって、いわゆる「言語論的転回」が起こり、あらゆる分野に影響を与えました。構造主義と呼ばれる思想潮流の中でも重要な役割を果たし、その後のポスト構造主義などにも大きな影響を与えていくわけですが、まるで天動説から地動説への転換のように西欧的な近代の価値観を大きく揺さぶる思想の登場だったと言えます。

さて、こうしたソシュールのモデルを「交換価値」と「使用価値」の関係性に重ねてみたなら、交換の目安である「交換価値」がシニフィアン（記号表現）に、物そのものに備わる性質に基づく「使用価値」がシニフィエ（記号内容）に対応するという議論があります。（図10）『現代思想』１９８３年３月号の柄谷行人・岩井克人・浅田彰による「〈共同討議〉マルクス・貨幣・言語」は、そうした構図からさらにマルクスの思想の可能性を探究していく、もはや古

【図10】2つの価値の関係と言語モデルを重ねてみると…

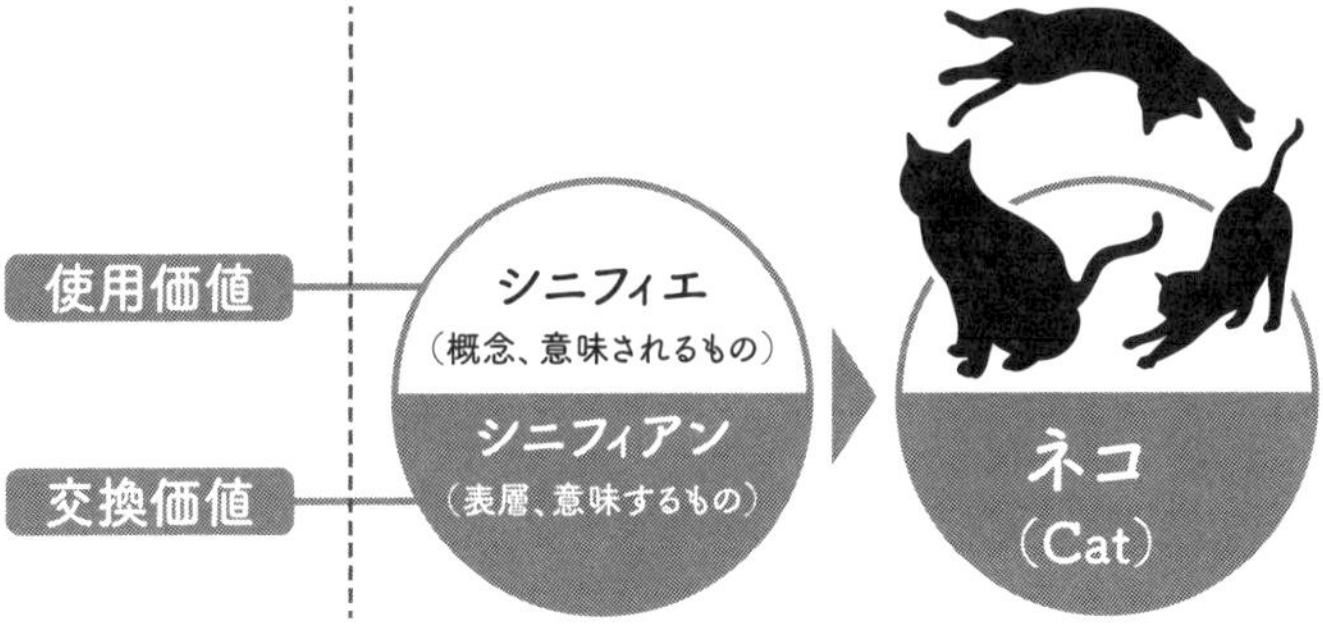

典的鼎談ですが（浅田彰『逃走論』所収）、ここでは、ポスト産業資本主義における市場の変化に絞って考えていきましょう。

いつもセットになっているはずの、シニフィアンとシニフィエ、そして、交換価値と使用価値。言葉は、シニフィアンとシニフィエが表裏一体でコミュニケーションとしての意味を持ちます。同様に、交換価値と使用価値もセットで、市場で商品として機能します。二つの存在はどちらも不可分なはずです。

ここでソシュールが提示した、逆転したものの見方を当てはめてみると……、少々奇妙な感覚に陥ります。言語のモデルと同様の関係性が市場のモデルにも生まれているとするならば、交換価値が使用価値を生んでいることになるわけです。つまり、使用価値があるから交換価値が生まれて市場で取引しようという認識の順序なのではなく、人々が交換へと向かう交換価値に重きを置いた感情が、使用価値を生んでいるということになります。何かめまいのような感覚を覚えませんか？

確かに、交換価値という、他の物との差異によって生まれる価値、そのほうが不特定多数に求められる可能性の価値を宿しているのではないか？　そもそも、価値というものは相対的で、そのことによって交換が成り立ち経済も動いているのだから、交換を維持することのほうが重要だという考え方もそこに成り立つ可能性があります。それは人類の本能の中に埋め込まれた交換の欲望とも言えるのかもしれません。実際、ここで思い起こせば、アダム・スミスも、交換を望む人々の本性を基点に思考することで、「見えざる手」という概念を生んだのでした。そうした認識の逆転がここにも潜んでいるとするなら……？　その時、商品本来の属性に基づく使用価値という考え方自体にも懐疑のまなざしが向けられ、まずは交換価値の実現へと人々が駆り立てられることも自然なことのように思われてくるのです。

ここまでくると、「差異が差異を生む」資本主義の中でシニフィアン＝記号表現すなわち交換価値の世界ばかりが膨張し広がっているのも、本能に根差した現象だということになります。シニフィエ＝記号内容すなわち使用価値との間に隙間が生まれ、表裏の関係性が揺れ始めているように見えることも、もともと抱えている、言語における人間の認識の仕方を踏まえれば、不思議なことではないというわけです。

いずれにせよ、ソシュールの思想の可能性を受けとめ、交換の不思議を考えようとすると、交換価値と使用価値との関係性は奇妙にねじれ、ズレ始めるような感覚があるのです。ポスト産業資本主義は、ある意味、もともと人々が抱えていた交換価値と使用価値の狭間のズレをさらに広げるきっかけを生んだということなのかもしれません。

数字に囚われて、リンゴ本来の味を味わえなくなった私たち

こうした状況を捉えて、交換価値優位の感覚が一人歩きする時に生まれる、現代の資本主義のダークサイドをこんなナレーションで表現しようと試みたことがありました。

リンゴを高く売ることに夢中になっている内に、リンゴの味を忘れてしまったのか？
（『欲望の資本主義 闇の力が目覚める時』ＮＨＫＢＳ１　２０１８年１月３日放送）

今や多くの人々が、リンゴを食べた時に味わえるリンゴそのものに備わった性質＝味や栄養などの使用価値よりも、リンゴをいかに多くのお金と交換するかという交換価値ばかりに心を奪われてしまう状況を描こうとしたものでした。もちろん、生産物である以上リンゴも市場で取引され、商品となる時には、価格がつけられます。しかし、それをいかに高く売るかという、価格のゲーム、数字ばかりに囚われてしまう時、人はリンゴ本来の味覚を忘れてしまうのでは

ないか？　そして、果実としての栄養的な価値ばかりでなく、美味しいリンゴを齧《かじ》った時の感覚、食感や香り、手触りなどを楽しむ体験、それらすべてを置き去りにしてしまうのではないか？　童話のような素朴な比喩で伝えようとした思いは、人間の欲望はいかに簡単にねじれ、錯覚を起こすかということでもありました。

現代のマーケットの力学とも言うべき、市場の魔力の中では、こうした、人間の原点にある感覚の取り違えが起こりやすく、市場の論理からいかに距離を取るかが難しくなっているのかもしれないのです。逆に言えば、資本主義の競争というものは一度始まってしまえば絶えざるものとなり、「売り手」や「買い手」の思いを離れて、市場の力が一人歩きしがちなのだと言えます。

競争に基づく市場の原理があまねく行き渡ったグローバル資本主義が地球全体を覆っている今日、僕らの社会はまさに交換価値ばかりが駆けめぐる世界になっています。

しかし、だからと言って、使用価値のみを物と本来的に付き合うための正しい考え方のように理解してしまうのも、先のソシュールの考え方を踏まえれば、物事の一面ばかりを見ていることになると思います。市場という場を通してつながりを持ち、社会を形成している以上、交換価値も重要なことは間違いありません。使用価値と交換価値、どちらもやはり切り離せないことで、そこに、商品としての市場における健全な認識が生まれるのでしょう。どちらか一方を中心にして社会を捉えたとしても、それは結局、歪な見方になってしまうのではないでしょうか。人間は複数の価値の中で迷い、しかし同時にそこに連続性を生むことを目指し、生きているのだと思います。

モノ消費からコト消費へという変化の流れは、自ずから使用価値から交換価値へと重点がシフトしていく経済という見方もできるのかもしれません。嗜好品や趣味の領域、レジャー、心を潤すための消費へと移ろうほどに、経済的な指標でその価値を表そうとすると、値段の問題ばかりに関心が高まって行ってしまうのです。大谷翔平選手のホームランボールでも、アート作品でも、ネットオークションで何億、何十億と値が付いたと注目が集まるのは、ともすればその金額ばかりです。そしてその時、値段という交換価値を示す行為自体に参加者たちは本能的な喜びを感じていることでしょう。そこでどのように交換価値への欲望と使用価値とのバランスを生むかが大事な問題となります。トキ消費、イミ消費へと至るほどに、その内実の価値は、主観的なものになります。あるコンサートにまったく関心を示さない人もいれば、10万円出しても惜しくないという人もいるように。そしてそのような「値付け」の世界にあっては、10万円もするコンサートだから価値がある、という逆転現象が起きていくことも珍しくありません。

大衆心理の広がりは、いつもこうしたものです。すべてを数字で測って競い合うような交換価値ばかりが駆けめぐる世界は、資本主義が高度化するほどに否応なく広がっていきます。こうした二元論的な見方の、どちらか一方に囚われるのではなく、常に、複眼的に物事を見ることの大切さは言うまでもないのですが、それについてはまたあらためて、第5章で考えてみましょう。

貨幣をめぐる人間の尊厳の問題とは？——複眼的に社会・経済を見つめる時

貨幣の本来の意味はどこにあるのか？

さて商品の価値の問題を考え続けているわけですが、その価値の実現のために、市場において重要な役割を果たすのは貨幣です。『貨幣論』などの書で知られ、経済理論のみならずさまざまな思想的考究をされてきた日本を代表する経済学者の岩井克人さんに、かつて『欲望の資本主義 特別編』として貨幣の存在についてお話を伺ったことがあります。デジタル化が進む資本主義の中にあって、仮想通貨＝暗号資産に期待がかかる中、その現象をどう捉えるべきかをきっかけにインタビューは始まったわけですが、その際、岩井さんは貨幣の最も重要な特徴として、「貨幣とは本来、人間を匿名にする」という点を強調されていました。

市場においては、誰であろうとお金さえあれば、商品を買うことができます。僕らは自分たちが住む共同体や社会の中で、さまざまな特性を付与されています。しかし、お金は誰が使おうとも100円は100円です。老若男女にかかわらず、どんな属性を持つ人であろうと、100円あれば100円の商品と交換することができます。つまり、お金に色はついていないということなのです。たとえば、しっかりと住人同士が助け合い、緊密な暮らしを続けている共同体があったとして、その関係性に守られていれば、ある意味では物々交換のような文化、慣習の世界で必要なものを手に入れることができるわけですから、そういう社会では貨幣というものは本来、必要ないとも言えるでしょう。しかし、そうした共同体を離れて、言わば他者として、別の共同体との間で何かを交換しなければならなくなった時に、共同体が付与する特性から離れて用いることができるお金とは、誰が使っても同じように使えるものであり、まさに「人間を匿名にするもの」と言えるでしょう。そうした匿名性が働く場所が、まさに市場と言えるかもしれません。

それはまた、共同体から何らかの理由で排除されてしまったような人にとっても同様です。ある村から追い出されることになったとしても、何とか生活していける。お金は「人間を匿名にする」わけですから、彼はそのお金を使えば、それと引き換えにひとまずは生きていけるわけです。自由に交換ができるのです。まさに貨幣によって取引が行われる市場においては、どんな人間も匿名性を得られるという点において「自由」なのです。「貨幣」を通じて、共同体が作る特性に縛られることなく、解放されるとも捉えることができるでしょう。岩井さんは貨幣が持つ「匿名性」について次のように語っています。

匿名ということは、人間が、ほかの人に評価されない領域を自分でちゃんと持っているということ。これが重要なんですよ。
そこでは人間は自由なんですね。自分自身の領域を持っているということが人間の自由なんですね。（中略）その中にほかの人間が入り込めない余地があるわけです。ほかの人に評価されない、自分自身の領域を持っているということが人間の自由なんですね。自分で自分の目的を決定できる存在……、これが人間の尊厳の根源になるんです。

（『岩井克人「欲望の貨幣論」を語る』丸山俊一＋ＮＨＫ「欲望の資本主義」制作班）

貨幣は匿名性によって人間に自由をもたらす。そして自由とは、他者に評価されない、自分だけの領域を持っていることであり、それは「自分で自分の目的を決定できる」という人間の「尊厳」の問題にまで話は広がります。

際限のない欲望を喚起し続けるまさに無限回廊のような資本主義にあって、これと対抗するために、岩井さんは人間の「尊厳」に依拠しながら、哲学における歴史上の巨人の言葉に注目します。それがイマヌエル・カントでした。

アメリカの独立やフランス革命といった動乱の18世紀後半において、ドイツ、フランスなどの大陸哲学における合理論と、イギリス経験論を調停したとも言われるカントは、哲学の世界に新たな可能性を開いた革新者でもありました。

カントは、合理的な知性、つまり理性の濫用《らんよう》を注意深く検討し、その限界を指摘しました。先ほどのソシュールの言語論的転回と少し重なる構図とも言えるかもしれませんが、カントは、人間の認識と世界の存在についてのある転倒をもたらしたのです。さまざまな存在物がすでに存在し、それらを経験することで僕らの認識が生じるというそれまでの人間の認識のあり方を、カントはまったく逆転させてしまいます。あらかじめ世界という存在物が、人間から独立して存在し、それを僕らが認識するというのではなく、逆に僕らの認識の持ち方によって世界のあり方が決まるのだというのです。まさにそれは、地球を中心に太陽やその他の星々が動いているという天動説から、むしろ太陽を中心に地球のほうが動いているという地動説への転換に等しいほどの思考様式の転倒でした。それゆえに地動説を唱えたコペルニクスになぞらえて、これを「コペルニクス的転回」と呼ばれました。

つまり、カントによって、世界のあり方は人々の認識のあり方に委ねられるようになったのです。より社会的なタームで考えてみると、人々がさまざまな認識を持ちうるのを許容することも「自由」ということになるでしょう。岩井さんが述べたように「ほかの人に評価されない、自分自身の領域を持っているということが人間の自由」なのですから。そこで、人間が「自由」である時に、最低限の義務として、他者の自由な「認識」を邪魔しないという「規範」が求められます。その「規範」があくまでも僕らの「自由」を互いに保証するものとなるのです。

この「規範」を守る限りにおいて、誰もが侵されることのない、人間としての領域を持つことになります。すなわち、その領域が人間の「尊厳」なのです。カントは次のように述べています

> 目的の国では、いっさいのものは価格をもつか、さもなければ尊厳をもつか、二つのうちいずれかである。価格をもつものは、何かほかの等価物で置き換えられ得るが、これに反しあらゆる価格を超えているもの、すなわち価《あたい》のないもの、従ってまた等価物を絶対に許さないものは尊厳を具有する。
>
> 傾向と欲望は人間に通有であるが、これらに関係するところのものは市場価格をもつ、また欲望を前提しないで、或る種の趣味に適うもの——換言すれば、我々の心情の諸力によ

るまったく無目的な遊びにおいて生じる適意は、感情価をもつ。しかし或るものが目的自体であり得るための唯一の条件をなすものは、単なる相対的価値すなわち価格をもつものではなくて、内的価値、すなわち尊敬を具えているのである。（中略）
このような尊厳を価格と並べて見積ったり、或いはこれと比較したりすることは、絶対に不可能である。そのようなことは、尊厳の神聖性をいわば冒瀆することになるであろう。
（『道徳形而上学原論』カント著　篠田英雄訳）

このように、人間の「尊厳」についての一切の交換価値をカントは認めません。そのような相対的な価値ではなく、絶対的な価値を人間の「尊厳」に置くのです。しかし、それは逆から見れば、人間の「尊厳」だけには値段をつけてはいけないけれども、それ以外のものには値段＝相対的な価値が生まれることを許容するとも受け取れます。

交換価値から新しい使用価値を創造する――資本主義のダイナミズム

本来、貨幣というのは人間に匿名性を与えるものであり、それは人間の自由ともつながっていたわけです。そうした人間の自由を保証するためには、その他のものが相対的な価値で測られ、それゆえに値段がつけられて交換価値のあるものとして市場で売り買いされる存在であったとしても、人間だけは他のものとは比べられないものでなければならない、それゆえに人間の「尊厳」が絶対的に重要なのだ……、これがカントの主張です。カントは人間というものを「手段」ではなく「目的」として扱うべきであり、この世界をさまざまな人々がそれぞれの「目的」を追求する自由がある「目的の国」と表現した哲学者ですが、それを実現するためにも、交換価値が駆けめぐる市場には回収されないものとして、人間の「尊厳」だけは譲れないと言っているわけです。

ここで、先ほどの価値の議論の際の関係性を思い出しましょう。カントの言葉からは、人間の本質には、尊厳とそれ以外の要素があると読めます。それは、価値はあくまでも使用価値と交換価値のセットによって成り立っていることと、構造的に重なる意味を帯びてきます。

貨幣とは、このような両者の要素を媒介する存在なのだと考えられないでしょうか？　貨幣は人間に匿名性を与え、それゆえに自由な交換を可能にします。これは交換価値の話です。こうした相対的な価値が生み出される一方で、それに侵されない人間の尊厳というものも可能にします。こちらは使用価値の実現です。そのような両者の関係性によって、貨幣は、人々に自由を保証しているというわけです。

ある意味ではここが、資本主義のスリリングでダイナミックな、とても重要な部分ではないかと思うのです。人々の自由に委ねた上で、利益の競争、利便性の追求というシンプルで原始的な欲求と、社会全体の調和的な秩序とを両立させるバランスが図られているわけです。人間社会の歴史的な知恵と言いうるところかもしれません。またアダム・スミスの問いに戻ってしまうのですが、交換するということが人間の性質であるならば、その交換することを通じて、僕らは交換価値ではなく、新たな市場価値を発見することこそが重要なのではないでしょうか。もう一歩踏み込んだ言い方をするならば、交換価値ばかりが駆けめぐる世界にあって、そうした交換価値だけに惑わされることなく、新たな使用価値を生み出していくこと、その過程にこそ真の価値があり、その精神が失われないようにすることが資本主義のダイナミズムを支えている……。

たとえば、100円ショップにある商品は、100円で交換できるものばかりです。それらの交換価値は100円に過ぎません。しかし、100円で買ってきた商品をどう使うか、どのように使用するかは、それを使う人間に委ねられています。DIYのように、その人の創意工夫によって100円の商品でも本来の使い方を離れて、1万円の価値があるもののように使うことだってできるかもしれません。他の人は100円の商品には100円の価値しかなくとも、ある人にとってはそれが1万円の価値があるということがありうるわけです。

このような創造性、つまり交換価値から使用価値を生み出すところにも、資本主義の奥深い可能性があるのかもしれません。新たな価値創造のダイナミズムです。こうした感性やセンスの発見こそが重要であり、100円の交換価値は100円の使用価値だと取り違えてしまうような平準化の中には、そうした創造性や解放性はないと言えるでしょう。それはカントが記したように、自由である人間だからこそ、自由の中から何者にも比較されることのない、人間の「尊厳」を見出すこととよく似ているように思うのです。

仮想通貨／暗号資産は貨幣が持つ可能性を手放してしまうのか

さて、現代の課題へと戻ります。人々を共同体の束縛から解放し、自由をもたらした貨幣。そのような知恵を歴史の中で育んできた人間ですが、今自らその意義を忘れ、これまで維持されてきた関係性を破壊しようとしているとしたら、どうなのでしょう？　仮想通貨＝暗号資産はもちろん、全面的なキャッシュレス社会の到来には、その可能性とともに危険性がつきまとうようなのです。

近年、暗号資産など、ネットの中でのデジタルな取引が期待と注目を集めてきたことはご存じの通りです。もちろん利便性があり、その広がりが日常的に多くの人々に便利さと恩恵を与えていることは確かです。そのことは先にきちんと確認しておいたほうが良いでしょう。さらなる広がりを、僕もむしろ望むぐらいです。しかし、こうした流れの中で、現金はいらない、100%デジタル決済で、という声まで出るようになると、そこには少し慎重になって考えるべきことがありそうです。

デジタル通貨は、すべての取引が情報として紐づけされることに特徴があります。暗号資産は、ブロックチェーンと呼ばれる技術の下、数字の暗号が相互にチェックされる中で機能しています。すべての商取引が記録として残るのです。それは、透明性とともに不正を許さないという効用もあるわけですが、同時に大事なものも失うことを、今までの議論からもうみなさんもおわかりではないでしょうか？　それはまさにデジタル通貨を使う集団の中で「信用」という名の下に認知されるわけですから、ある意味、共同体の束縛に再び回帰してしまうことを意味しているわけです。ネット上に公開された文章、画像などが半永久的に残り続けることが「デジタルタトゥー」と呼ばれ、社会問題ともなっていますが、同質の問題がそこにあります。貨幣の存在によって実現した自由がそこでは奪われる可能性があり、そしてひいては、個々人の尊厳を失う可能性にもつながっていくのです。その意味で先述した岩井克人さんは、カントを引きながら、貨幣が持つ重要な意義である、人間の「尊厳」を守るという大事な側面を見落としてしまう恐ろしさを指摘しているのです。

人間の「尊厳」を保証することができないのであれば、デジタル通貨がもたらす自由は、ある一定の人間を「信用喪失者」として、むしろ排除する方向に向かってしまう可能性もあります。自由をもたらすどころか、むしろ自由を排斥し、不自由な人間関係、歪な社会関係を生み出す可能性もありうるわけです。マルクス／シュンペーターの「技術が社会を規定する」が、ここでも、ねじれた形で実現してしまう状況だとも言えるでしょう。ネット上での自由を標榜するほどに不自由が生まれてしまう。ここにも注意せねばならない逆説があります。

そうした集団の力学が行き着く先は、究極的には、ファシズムのような状態を招き寄せる危険性もはらんでいます。その意味においては、１００％のデジタル通貨化など、極端なルール変更に対しては、常に慎重にならなければならないと思います。

繰り返しますが、すでにこうしたデジタル化への移行、キャッシュレス化の導入は世界中で進みつつあります。もちろん、その流れの中で、利便性、効率性、透明性を追求していくこと自体は必要なことだと思います。しかしだからこそ、そこで、どこまでその利便性を生かしながら、同時にどのように危険性に対処し、古代からの通貨の存在意義と歴史の知恵を忘れず生かすかにも心を砕かねばなりません。僕ら人間という存在は、往々にして、目の前の利便性があると簡単に目的と手段を逆転させてしまい、本来誕生したその存在の意義を忘れてしまう生き物だからです。

安心社会から信頼社会へ

資本主義が持つ解放と排除の可能性について考える時、僕が思い出すのは、社会心理学者の故山岸俊男さんが語っていた「安心社会」と「信頼社会」という構図です。『安心社会から信頼社会へ』という山岸さんの著書がありますが、彼は社会システムのあり方を「安心」と「信頼」とに分類し、考察しました。

ここで言う「安心」とは、「相手にとっての損得勘定にもとづく相手の行動に対する期待」を指しています。これに対して「信頼」とは「相手の人格や行動傾向の評価にもとづく相手の意図に対する期待」と定義されています。損得勘定ではなく、相手の人格や行動を丸々信じるわけですから、「信頼」のほうが当然、リスクが大きくなります。言い換えれば、そのようなリスク（同書では「社会的不確実性が存在する状態」と定義されます）が少ない状態に人々は「安心」するわけで、リスクを超えて信じる行為に踏み出すことで「信頼」が意味を持つわけです。

「安心」を重視する社会システムが「安心社会」、「信頼」を重視する社会システムが「信頼社会」だと言うのですが、山岸さんはこれを日本とアメリカに当てはめて論を進めていきます。日本はこれまでよそ者を排除し、仲間内で安心できるような社会を築く傾向があり、日本は「安心社会」型と言え、一方のアメリカは「信頼社会」型であるとしています。１９９９年に同書が刊行された時点で、山岸さんは日本では「安心社会」が崩壊しつつあると述べていました。そして、「安心社会」が崩壊した後に、日本は「信頼社会」になれるのかどうかを問題提起しています。アメリカ自体のありようが良いかどうかは別として、日本が「安心社会」ではない、どのような社会の形を描けるのか？　アメリカともまたヨーロッパとも異なる、日本ならではの「信頼社会」を描いていくことができるのか？　難しい問いだと思います。

数年前のことですが、地方都市の80代の一人暮らしの女性が自宅の押し入れに隠しておいた現金8000万円を盗まれたというニュースを偶然見て、少し複雑な気持ちになりました。そこまでの大金を自宅に「タンス預金」されていたということに、現代日本の「安心」の揺らぎと同時に「信頼」にも行けない状況を感じたからです。確かに「老後2000万円問題」なども叫ばれる近年、最近若干情勢が変わりつつあるとは言え、いまだゼロ金利政策のイメージは強いと言わざるを得ませんが、利息もあまり期待できない銀行に預けることもできず、とは言え他に信頼できる金融機関も見つけられず……、選択が難しい時代となっている証明なのかもしれません。

90年代のグローバル化とともに「新自由主義」が広がるにつれて、「自己責任」という言葉もすっかりお馴染みとなりましたが、これも一つの逆説だと思うのです。「自己責任」という言葉がさまざまな領域、レベルで浸透するほどに、何も信じられない、誰にも頼れない、自分しか信じられるものがない……というマインドが広がり、根付きました。お金の管理も自分でする他ない、高齢の一人暮らしの方もそんな思いを抱いていらしたのではないでしょうか。

「信頼社会」には絶対的な安心は難しいでしょう。リスクを前提の上で、信頼するわけですから。しかし、だからこそ、リスクとは何か？　自らの人生、仕事を見つめて、社会の構成にも想いを馳せた時、どのような、安心、信頼、そしてさらに言えば、契約とも異なる信任など、さまざまな関係性のあり方を構想できるか？　これらの問題も考え続ける必要があります。いずれにせよ、自由を標榜する経済を目指したはずの「新自由主義」にあって、「自己責任」ばかりが喧伝されたために、人々が信頼する自由よりも、安心を求めて萎縮し閉じる方向へと向かっていっているとしたら、これも皮肉に感じます。

〈ハイエク＝「新自由主義の教祖」〉という歴史の皮肉

「新自由主義の教祖」が本当に考えていたこと

前節の最後に「新自由主義」というワードを出しましたが、欧米では経済不況から抜け出すために、1970年代以降、規制緩和を重ねてより市場の原理に委ねた経済政策が矢継ぎ早に展開されました。それまでの財政出動などの介入によって市場と経済を調整する立場をとったケインズ主義／ケインズ政策に基づくような「大きな政府」が批判されたのです。そして、市場原理に基づいた自由な競争を促し経済成長を目指すことで、政府は市場への介入を最小限に抑える「小さな政府」というあり方が求められるようになりました。その代表的なものが、80年代のアメリカのレーガン政権やイギリスのサッチャー政権です。政府による規制を緩和し、国有企業の民営化などを通じて、政府の市場への介入を減らし、市場におけるより自由な競争を刺激する方策へと転換していきました。

日本でもロナルド・レーガンと緊密な関係を築いた中曽根政権、その後2000年代に郵政民営化を旗印に人気を得た小泉政権では、それぞれ国有企業である国鉄の民営化、郵便局などの民営化が実現し、多くの規制緩和が行われました。それとともに「新自由主義」という言葉も日本社会に浸透していったのではないかと思います。それは本章で語ってきたように、交換価値だけが駆けめぐる市場の原理が社会のあらゆる場面に拡大していくきっかけとなったとも言えるでしょう。この「新自由主義」の理論的な支柱となったのが、ノーベル経済学賞も受賞した経済学者、フリードリヒ・ハイエクだったと一般的には言われています。

80年代に新自由主義的路線を押し進めたイギリスのマーガレット・サッチャーは、ハイエクの著書をあたかもバイブルのように、常にバッグの中に入れていたとも言われます。そのハイエクが、今から80年以上前、第二次世界大戦の最中に著した『隷従への道』で、次のように述べています。

現世代は、自分の欲求が経済的要因に阻まれるのが大嫌いである。目先の欲望に制限を加えられるのは我慢できないし、経済上の必要性に屈服させられるのも承服できない。物質的ゆたかさや欲望に関しては現世代も前の世代もさしてちがわないが、現世代があきらかに異なるのは、自分の欲望の実現を妨げる障害物や、他の目的との衝突をけっして容認しない点である。

（『隷従への道』F.A.ハイエク著　村井章子訳）

今読むとハイエクが批判的なまなざしを送る、あらゆる欲望への障害を容認できない「現世代」とは、あたかも新自由主義が押し進められ、インターネットが世界を覆い、グローバル資本主義が発展した現代を生きるすべての人々を指しているように思えないでしょうか。ハイエクはこの主著『隷従の道』において、ナチズム＝ファシズムと社会主義の計画経済の思想への徹底的な批判を展開しています。社会主義国家やファシズムのような独裁的な国家のように、強制的な権力を行使する行政組織が絶対的な裁量権を持つのではなく、最小限に抑えなければならないとハイエクは主張します。国家が計画を策定すれば、計画自体が自己目的化し、個人よりも国家が優先されてしまう、それは民主主義の形骸化をもたらすだろうというのも、ハイエクの指摘でした。

そのなによりも自由を重んじる思想が、市場という場においても、自由な売買の肯定、すなわち競争の肯定と捉えられ、「新自由主義の理論的支柱」のように祭り上げられてしまったのですが、他方でハイエクは、先に挙げた『隷従の道』からの引用にあるように、自分の欲望を妨げる障害を容認することができない「現世代」に対しても批判的な姿勢を見せています。そこには、単純な「自由の肯定」という表現だけでは見逃してしまう、ハイエクの複眼的なまなざしを発見することができるのではないでしょうか。

おそらくハイエクも、今日の交換価値ばかりが駆けめぐるような世界、貨幣が持っていた自由と尊厳を手放し、デジタル通貨・仮想通貨によってさらに数字の上昇のみが自己目的化し、むしろ人間の自由と尊厳を排除するような流れは、良しとはしなかったことでしょう。あくまでもハイエクは、中央の計画によって社会や市場をコントロールできるという思想を傲慢と批判し、多様な個人の意思や考え方を最大限生かすことが、市場にとっても社会にとっても大事であると考えたのです。さまざまな人々がそれぞれの着想と創意工夫で作り上げる場こそが市場であり、そのための個人の自由の尊重でもあったのです。そのようなハイエクの姿勢が、ただ単に弱肉強食の競争の原理の肯定のように扱われてしまったこと自体、これも歴史の皮肉ではないかと思います。

「形のない資本による資本主義」を生きる

「無形資産」という形のない資本による資本主義が拡大すればするほどに、そこに新たなイノベーションを求める「夢」は当然膨らみます。しかし、そうした「夢」があるのと同時に、常にそこにはパラドックスがあり、漠たる未来への夢に対する不安と過酷さも待ち構えています。

哲学者マルクス・ガブリエルは、ＡＩという技術自体の可能性を肯定しつつも、同時に人間が持つ特性である「意識」を機械に見出してしまうことで陥る「錯覚」について、その危険性を指摘しました。「人工知能」と呼ばれることで、あたかも同じ思考、意識、知的能力を持っているかのような「錯覚」を抱いてしまうこと、機械に過ぎない存在に対して、人間の意識や主体性を勝手に見出してしまうことへの警戒です。常に「錯覚」に対して自覚的でなければ、人間は自らが持っていた主体性を簡単にＡＩに明け渡し、放棄してしまうことにもなりかねないというのです。こうした問題も、同じマルクスでも、カール・マルクスに倣って表現してみた先の「デジタル疎外」と重なるような、人間の意識の根本が揺さぶられるような話です。

無形資産によって肥大化する僕らの欲望の問題は、主体性、意識など、近代的な人間の概念を更新するような問いを突き付けます。無形資産が駆けめぐるデジタル資本主義の世界にあって、今まさに、日々、人間のあり方そのものまで、試されているのだと思います。

ZEN資本主義の可能性

本章では、交換価値と使用価値、自由と規範というような、一見すると二項対立と思えるような問題の、それぞれ一方の項のどちらかに陥らないように、あえて行きつ戻りつしながら論を展開してきました。少しわかりづらかったかもしれませんが、それこそが僕らが生きる世界を複眼的に見る方法であり、複雑な現実が広がるこれからの時代を生き抜くために必要な思考のあり方なのではないかと思います。

目的と手段が転倒してしまいがちな資本主義の運動は、常に多元的に開かれていながらも、それを数字の論理や経済成長の論理のように、一元的に市場に回収してしまいます。僕が資本主義をアメーバに喩えたのはあらゆる隙間に入って、それまで市場の内部にはなかった差異を外部に見出し、多様性を発見しながらも、そうした差異を再度、市場の内部に取り込んでしまうような運動体をイメージしたからです。そのような特性を持つ資本主義というものを考えるには、多元性と一元性のどちらか一方だけに囚われてしまっては、本質は見えてきません。交換価値と使用価値のどちらかが問題というわけではないのです。

常に、目的と手段が逆転してしまう恐ろしさを持っているものであればあるほど、そうした資本主義の世界の中で生きる僕らは、その資本主義の運動に回収されない軸を持つために、行きつ戻りつしながら、複眼的に物事を見る思考が必要なのだと思います。

このような二元論に回収されない思考の形として思いつくのは、禅問答です。禅の教えに基づく問答である禅の公案には、たとえば「隻手音声《せきしゅおんじょう》（両手を打ち合わせると音がするが、片手にはどんな音があるだろうか）」という問いに象徴されるように、安易な二項対立には回収されない思考の姿勢があります。つまり、一つの次元、どちらか一つの項に簡単に答えを求めてしまわない、何か思考自体を宙吊りにしてしまうような発想が必要なのではないかと思うのです。

現代は急いで答えを求め過ぎる時代なのかもしれません。かつて『結論は出さなくていい』という言葉を新書のタイトルにしたことがありますが、早く結論を出したい、すっきりしたいという思いは、ともすれば強迫観念のようになりかねません。その時、少し立ち止まり、結論を急ぐことなく、ある種「ねじれの位置」にある現代の資本主義にも、まずは冷静に向き合おうとすることが大切だと思います。

以前、チェコの経済学者トーマス・セドラチェクが『欲望の資本主義』で面白い表現をしてくれました。セドラチェクはソ連下の社会主義時代のチェコスロバキアとその後、資本主義社会へと移行したチェコ共和国の両方を経験した経済学者です。その彼が、シュンペーターを引きながら「資本主義に代替案がないのは、ある意味、資本主義の代替案は資本主義自身だと言えるからだ」と、面白い言い方をしていました。それはシュンペーターが言うところの資本主義の特徴である「創造的破壊」ともつながる言葉でしょう。交換価値から新しい使用価値が生まれて、それが新たな交換価値になるように、それまで商品にはなり得なかったマイナスなものすらも、ポジティブに転換し、商品化してしまうわけです。

「今、最高の商品は二酸化炭素だ」とセドラチェクは付け加えていましたが、地球温暖化・気候問題が深刻化する中、CO2の排出量というマイナスの存在が、市場の中で注目される「商品」になっていくわけです。高度成長期には考えられなかった事態です。日本でもSDGsの呼びかけの中、さまざまな概念が経済的な尺度から議論されるようになっていることは、ご存じの通りです。

第1章では、時代の物語としての経済、あるいは夢としての現実といったお話をしましたが、物語か事実か、夢か現実かという二者択一にしてしまうのではなく、その両面が見えていなければ、二つの異なる世界で運動する資本主義の本質を捉えることはできないのではないかと思うのです。その意味では、現代の経済、現代の資本主義、現代の社会、ひいてはこれからの時代を理解するためには、二律背反の課題の中で二つの世界を見て考えるセンスが求められているのです。

ルチル・シャルマというウォール街のインド系の優秀なアナリストがいます。毎日、コンピューターに向かいながら数量的に経済を解析しているのですが、その彼が、「禅」の思想に惹かれると言ったことがあります。シャルマは次のように語りました。

私はあまり信心深くないんだが、いま私が強く惹かれているのは「禅の思想」だ。どういう意味かと言うと、投資においても人生においても、いい精神状態でいることがとても大事だと言うことを。私は新著の1章のタイトルを「はかなさ」とした。永遠のものなど何もない。すべては過ぎ去っていく。私がいつも心に留めているルールだよ。

（『欲望の資本主義2017 ルールが変わる時』NHKBS1 2017年1月3日放送）

シャルマのこの言葉にインスピレーションを得て、以来、禅的なる思考のあり方が、僕にとってもこの世界、この社会を眺めるとき大事なヒントになっています。西洋社会でも禅＝ZENは、東洋思想の中心的な概念であり、思想として、広く受け入れられてきた考え方です。今日ではそれは「おだやかさ」などを表す国際語にもなっています。白か黒か、上か下か、そうした極端で激しい二者択一の思考ではなく、両者を視野に入れながら、その狭間で何らかの解決の糸口を見つけ、「おだやか」に心の安定を保つ発想、センスが大切になってきている時代を証明するものだと言えるでしょう。

これからの時代を考える上で、「ZEN資本主義」とでもいうような発想とまなざしが必要となってくるのかもしれません。そのさらなる展開は、最後の第5章でもう少し考えてみましょう。

［第4章］

大衆化が欲望を羨望に変えていく

アメリカの時代、消費文化が社会を変質させた20世紀

大衆消費社会の「渇望」「羨望」の正体とは？

欲望を超えた？「羨望」の資本主義

さて第3章では、欲望の領域がモノ中心から大きく変化し「形なき資本」が駆けめぐる現代の資本主義について、そしてそれがもたらす人々の心理、心の問題にも少し触れたわけですが、一体いつからこうした状況は生まれたのでしょう？　それを考える時、僕は一冊の書を思い出すのです。まずはこちらの文章を読んでみていただきたいと思います。

現在の社会にあるのは、他人指向型の人間が、**仲間からうけとる変動きわまりなき趣味による消費**なのだ。さらに、かつての内部指向的な社会にあっては、ひとびとはじぶんの欲求を満足させるために、一心不乱にはたらき、そして、ある場合には気ちがいじみた行動をさえしたものであったが、それらの欲求の多くは、こんにちでは比較的容易に満足させられるようになってきている。それらの欲求はこんにちでは、**万人の認める生活水準のなかにとけこんでしまっている**のだ。しかし、ある種の渇望はなお、のこっている。その渇望というのは、すでに達成したかのようにみえるものを自分も満足させたいという渇望だ。いうなれば、**無目標の願望**なのである。こんにちの消費者というのは、その潜在的個性の大部分を、**消費者同盟の一員**になることによってうしないかけているようだ。かれの消費は一定限度内にかぎられている。それは目標追求の原理によるのではなく、まさに**他人指向の原理**によるものなのだ。あまり多くを消費しすぎると、それは**他人の羨望の的**になるという危険が待ちうけている。またそうかといってあまりすくなく消費しすぎると、かれが**他人を羨望のまなざしで見なければならない**ような立場に追いこまれるというわけだ。

（『孤独な群衆』デイヴィッド・リースマン著　加藤秀俊訳　太字引用者）

よく味わってみてください。この「無目標の願望」という表現など、2020年代の資本主義の中にあって、人々が置かれている心理の一面を捉えていると思いませんか？　自身の内面からの思いではなく、周囲の人間関係、社会関係の中で、いつの間にか足並みを揃えるように「消費者同盟の一員」となっていってしまう人々。

さらにその欲望は、「羨望」という感情へと形を変えて広がり、他人からのまなざしとの関係性の中で増幅していくことへの考察など、ネット社会が拡大させていく感情、またそれによる日常の人間関係での心理形成、消費行動につながるメカニズムなどとも関連している状況を分析しているようにも読めます。精神科医で文筆家という視点から現代社会の働く人々にさまざまな警鐘を鳴らす泉谷閑示さんが、その名も『「普通がいい」という病』を世に出したのは2006年のことですが、まさに「普通」を気にするがゆえの「他人指向の原理」というキーワードは、この21世紀、〝スマホ漬け〟の中で、噂まで含めて世間の動向や他者の目を気にし続ける人々の心理を表しているかのようです。

「偉大なるアメリカの世紀」が大衆消費社会として実現していく?

しかし実はこれははるか昔、1950年に初版が世に出ている書、社会学の古典として名高い『孤独な群衆』からの文章です。第二次世界大戦の戦勝国アメリカでは、すでにして20世紀の半ば頃には多くの人々の間に物質的な豊かさが行き渡り、「消費社会」と呼ばれるような状況へと向かっていました。それは大きく捉えるなら、生きるための欲求による消費から、社会的であり文化的な欲望による消費へとウェイトが移っていく時代の始まりでもありました。

こうした時代を準備した、その前夜の空気を端的に物語る、歴史的な宣言があります。

アメリカの独立宣言、憲法、そして素晴らしい工業製品や技術は、世界の諸国民に分かち与えられることになる。20世紀は、偉大なるアメリカの世紀となるだろう

（ヘンリー・ルース『アメリカの世紀』LIFE1941年2月17日号）

「偉大なるアメリカの世紀」――『タイム』誌発行人のヘンリー・ルースが1941年に残している言葉です。多くのアメリカ国民が、第二次世界大戦下もこの理念を信じ続け、戦後もこの言葉に後押しされるように、ある種の使命感を胸に抱いていたと言えるでしょう。アメリカこそが、世界に自由と民主主義を、そして市場経済によって推進される豊かな生活を広める役割を担うべき存在だ、というわけです。自信を深め、自らの理想へと邁進する、20世紀のアメリカ。こうした言葉が、夢が、市場を通して大衆消費社会というものを作り、世界へと広めていく原動力となっていました。

また、「偉大なるアメリカ」の背後にあった、「輝かしい過去」へのノスタルジーもこの時代の消費文化の推進を後押ししていました。「開拓者」のように我が家を持ち、一国一城の主となることを多くの国民が目指し、願ったのです。そうしたアメリカの歴史からもたらされた夢を実現する舞台が、郊外となりました。それを可能にしたのは安価な住宅の登場です。軍で培われた技術をもとにたった1日で住宅を建設するプレハブ工法も考案され、住宅の大量生産が可能となり、レヴィットタウンと名づけられた住宅地の第一次受付が始まったのは1949年のことでした。大量生産方式で建てられた住宅の価格は1万ドルを切り、復員軍人のための低金利ローンも助けとなって、若いカップルたちが押し寄せたのです。

輝かしい「アメリカの世紀」を信じる人々。実際、自信に満ちたアメリカの人々のライフスタイルは多くの国々から憧れの対象となり、その消費文化は、その後、世界へと広がっていきます。コーラとポップコーンを手に映画を楽しんだり、ハンバーガーとフライドポテトでみんなとランチしたり……、Tシャツとジーンズでデートにでかける時はマイカーで……、そんな生活スタイルがカジュアルなものとなり、西側の資本主義国の間に広がっていきます。

内部指向から他人指向へ——変化する「社会的性格」という時代のオフサイドライン

こうした20世紀半ばのアメリカ社会で働く人々の内面を捉えた『孤独な群衆』に戻りましょう。「内部指向型」「他人指向型」という、思考様式や性格を分類する言葉が出てきましたね。「内部指向型」というのはもの作りの仕事に携わる人々が、精神的に形成するようになっていく、言わば、自らの技術、技能などを磨き向上を目指すことで培われる心のありようです。それと対比されるように挙げられている、この1950年の時点で増えていたとされる「他人指向型」は、サービス、営業など、人の心を読み、合わせることを生業とすることで生まれる「社会的性格」です。工業を中心とする時代から、サービス業などの第三次産業に従事する人々が増大していくことによって、社会の空気は徐々に変わり、働く人々が置かれる環境も変わることで、人間性そのものも変化していくというのです。

他人指向型に共通するのは、**個人の方向づけを決定するのが同時代人である**ということだ。この同時代人は、かれの直接の知りあいであることもあろうし、また友人やマス・メディアをつうじて間接的に知っている人物であってもかまわない。**同時代人を人生の指導原理にするということは幼児期からうえつけられている**から、その意味では、この原理は「内面化」されている。他人指向型の人間がめざす目標は、同時代人のみちびくがままにかわる。かれの生涯をつうじてかわらないのは、こうした努力のプロセスそのものと、**他者からの信号にたえず細心の注意をはらう**というプロセスである。

（『孤独な群衆』デイヴィッド・リースマン著　加藤秀俊訳　太字引用者）

「個人の方向づけを決定するのが同時代人である」「他者からの信号にたえず細心の注意をはらう」……やはりストレスフルな現代を思い起こさせるような描写、多くの人々が電車に乗ればすぐスマホの画面に釘付けになる「スマホ依存社会」を描いたように感じてしまいます。

「同時代人を人生の指導原理にするということは幼児期からうえつけられている」現象についても、空気を読む、同調圧力……などの言葉がすぐ思い起こされてしまう、現代社会の人間関係の宿痾《しゅくあ》のように読めます。すでにこの頃、アメリカ社会の少なくともある一面に、現代人の悩みにつながる予兆が生まれていたことは間違いありません。

著者であるデイヴィッド・リースマンは、大学で生化学を修め、弁護士になるなど、さまざまな職業を経験、学問分野を横断する考察を繰り広げた学究ですが、「社会的性格」という概念を生んだエーリッヒ・フロムの影響も受けて、社会のありようが人々にある共通した性格を生むことに着目していました。社会の中核となる産業の形態が変わることで、自ずからその社会に暮らす人々の心のあり方も変わっていって当然だと考えたのです。そして、販売、営業、宣伝、サービス業全般……、こうした他人の心の機微を読むことがそのまま仕事の本質に直結するような人々が増大する社会にあっては、仕事でも遊びでも、さらに余暇の時間も別なく、他者の意向を汲む心性が強まっていくと考察したのです。

こうして、アメリカを一つの発信源として、「他人指向型」の消費文化とマインドが世界に広がっていきました。

20世紀初頭のアメリカの空気を支配した「狂騒の20年代」

さて20世紀半ばには生まれていた大衆消費社会のありよう、そこで人々を支配していたメンタリティは、早くも現代のデジタル資本主義の原型を形作っていたのではないか、という問題提起をさせてもらったわけですが、その前からのアメリカ型資本主義と社会の変容についても、もう少し概観しておきましょう。技術の発展とともに自由競争の市場を拡大させ、二度の世界大戦を経て、アメリカ型資本主義は成長と発展を追求していきます。20世紀「アメリカの時代」に起きた、大衆的欲望の膨張の軌跡はいかなるものだったのでしょうか？

19世紀の終わりは、イギリスが産業革命によって「世界一の覇権国」を誇っていたわけですが、20世紀にはその地位が揺らぎ始めます。１９１４年に第一世界大戦が起きますが、この戦争にあっても、すでにイギリスはアメリカからの莫大な借金に頼っていたのです。

１９２０年代に入ると、アメリカは「狂騒の20年代」と呼ばれる華やかで特別な活況の時を迎えます。自動車、映画、ラジオなど、「新技術」が人々の生活を変え、さまざまな新しい大衆消費へ、人々が駆り立てられた経済的繁栄の時代です。好況の波に乗って、ジャズが流行り、ファッション、社交、芸術、文化……、「新時代」の到来にアメリカの多くの人々が酔った時代、社会の様相が大きく変わります。レオナルド・ディカプリオ主演の映画『華麗なるギャツビー』で描かれたイメージを思い起こされる方もいらっしゃるでしょう。そんな時代に、イギリスは失業率10パーセント近くの慢性的な不況に見舞われていました。20世紀初頭、経済の覇権はイギリスからアメリカへと移っていたのです。

アメリカでは、株式市場の拡大を通じて豊かな中間層が生まれるとともに、大量生産・大量消費に裏打ちされた大衆社会への助走が始まっていました。このイギリス主導の資本主義からアメリカ主導の資本主義への変化をひと言で表現するならば、やはりアメリカ的な大衆が主役となる「大衆資本主義」の時代の始まりと言えるでしょう。

それを支えていた大きな柱が、自動車産業に起きていた革命でした。

大衆社会の到来と大量生産・大量消費――フォーディズム、そしてGMの登場

工業化が進むアメリカでは、1910年代にヘンリー・フォードが自動車業界において大きな成功を収めます。フォードは、フォード・システムないしフォーディズムと呼ばれる経営管理方式を導入しました。T型フォードという一つの車種に商品を限定し、部品を標準化、作業工程を細かく分けて、単純な労働の繰り返しによるベルトコンベア式の流れ作業で、自動車を組み立てる方式を考え出したのです。このような生産ラインに基づいて、分業化を徹底しました。この飛躍的に効率を高める生産体制の確立が、社会にも画期的な影響をもたらすことになります。それまでお金持ちの贅沢品だった自動車が、大衆のための実用車となったのです。いかに安価で量産が可能な生産体制を構築するか？　考え抜かれたシステムによって、設計、製造、販売というサイクルを無駄なく回すことを実現させフォードは大成功します。1908年にT型フォードが売り出された当初は、1台850ドルで1万台の販売に過ぎませんでした。

しかし、最盛期の１９２５年にはおよそ3分の1の値段である２６０ドルで、年間２００万台近くが生産されました。お金持ちだけが持つことができる「夢の商品」に手が届くことを知った人々の感覚は徐々に変質していきます。このようなベルトコンベア式の労働管理は、自動車産業にとどまらず、さまざまな電気製品や化学製品などにも生かされて、多くの産業に波及していくことになったわけですが、労働者であると同時に消費者としてのマインドを多くの人々が持つようになっていく時代の始まりだったと言えるのかもしれません。

またもう一つここで忘れてはならないのは、ライバル会社の戦略です。車種を限定することに特化したフォード社に対抗して、ライバルのＧＭ＝ゼネラル・モーターズは、１９２０年代後半から多車種化戦略を展開して、大きな成功を収めます。単に低価格というだけではなく、スタイルや色の多様化など、価格以外の面でも消費者の需要に応える戦略が打ち出されていったのです。変化に合わせて、多様な車種を製造したＧＭは、フォードを追い抜いて、１９２７年にはアメリカ第1位の自動車メーカーとなっています。こうして、大きな利潤を得ようとしのぎを削るメーカーの競争が拡大していく中で、人々の欲望も刺激されていきます。自動車も贅沢品ではなく消費財という認識になっていけば、何度も買い替えることにも抵抗がなくなり、機能性よりもデザインやイメージなど、個人の好み、趣味性によって選ばれるようになっていきます。

一家に一台マイカーを、というコピーに乗って、常識の感覚も変わっていくのです。郊外の庭付きの家にスポーツカー。アメリカという広い国土の国でモータリゼーション＝自動車の大衆化現象が広がっていきます。これを追いかけるように、日本でも高度成長期に、自動車が「新・三種の神器」の一角を占める重要な商品となり、大量生産と大量消費の生活様式を普及させることへもつながっていくのは第1章で見た通りです。

その現象は、もうアダム・スミスが説いた他者への「共感」にも支えられた「労働の分割」による〝社会の富の増大〟というような、素朴な経済社会の光景から遠く離れたものだったと言えるでしょう。庶民から大衆へ……、まさに人々の欲望が飛躍的に解放される時代へと突入していったのです。

大衆社会における欲望――欲望の三角形理論

このように、大量生産・大量消費の生活様式が広がる中生まれた、大衆という存在の欲望は、自身の価値観などに基づく理性的判断というようなものではなく、まさに「時代の気分」と呼ばれる、空気感の中で醸成されていくようになります。「お隣が車を買ったなら、我が家も……」という具合に、欲望は他者との関係性に影響されやすいものとなり、集団の力学の中で突き動かされるものになっていくのです。フランスの精神分析家で哲学者のジャック・ラカンに「欲望とは他者の欲望である」という有名な言葉がありますが、言い得て妙ですね。

その言葉を、さらに目に浮かぶような力学として提示したのが、フランスからアメリカへと渡った文芸批評家であり、比較文化学者であるルネ・ジラールによる、「欲望の三角形」と言えるでしょう。大衆の欲望というものの不思議さを感じ取れる構図です。（図11）

【図11】ルネ・ジラールの欲望の三角形

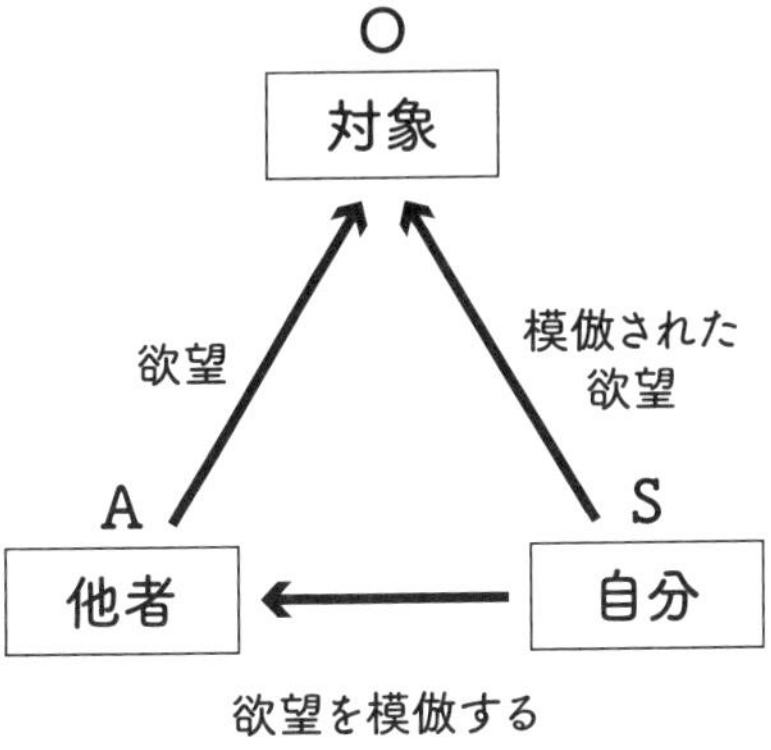

欲望の主体であるSが、目的物であるOを欲しいと思う時、なぜSがOを欲したか？ それは往々にして、自分とは別の他者であるAが目的物Oを欲していたからだ、とジラールは言うのです。つまり、〝欲望とは他者の欲望の模倣である〟と。

なるほど、確かに子どもたちの姿を見ていると、最初はお菓子を欲しがらなかった子が、他の子どもがもらっている姿を見て、「私も」と言い始めることがありますよね？ つまり、ここでSに生まれている欲望は、純粋にOが欲しいというよりも、Aと同じように欲望を達成したいという心のメカニズムなのではないか、というのが、ジラールの洞察です。

ですから、時にOが希少なモノであった場合には、

AはSにとってライバルとなってしまう、というわけです。人間は他者の欲望をコピーしてしまうのではないか、というジラールの見立ては、非常に興味深いものです。

たとえば、「ママ、お菓子！」と子どもにねだられても、母親は、その様子をよく見極めて、お菓子をあげる代わりにやさしく頭を撫でてあげる判断も大事だという説がありますが、これも欲望というものの本質を考えさせられる良い例ではないでしょうか？　ジラールの「欲望の三角形」の論理で言えば、友だちが母親からお菓子をもらっているのを見て羨ましくなったから、ということも考えられるでしょう。またさらに考察すれば、具体的なAにあたる友だちの姿はなくとも、「お菓子をもらう」という行為に愛情表現を見出すようになっていた子どもが本当に欲しいのは母親の愛情のほうだったということもあり得るでしょう。このように、幼少期にはわかりやすい形で起きる、変形された欲望の発露は、大人になっても実は深いところに潜んでいて、本人が気づかないうちに発動される心の動きなのかもしれません。さして関心がないはずの商品でも、「安売り」などの宣伝がなされて行列ができていたら、乗り遅れまいとしてしまうような心のありよう、並ばないと損だと思ってしまう心理なども、他者の欲望との関係性に起因する素朴な一例と言えるでしょう。

こうした「欲望」は、他者との関係性を含んだ集団のありようや、文化のコードの中で芽生え、加速していくものです。大衆社会ゆえに人と人との間で増幅されていく欲望のあり方を示しているようにも思えます。そこには、オーソドックスな「近代経済学」が想定している、〝自己の利益の最大化〟を唯一の行動原理とする「合理的経済人」というモデルからも、すでにねじれた状況が生まれています。自立した個々人による主体的な選択が、利潤最大化という「合理性」に基づいて行われるという前提が崩れ、「他者の欲望」が人々の間に次々と転移していく状況です。ネット社会の中では、SNSの画像などもある種イメージの刷り込みのような効果を生み人々の心の底に蓄積されていき、それは、時に、雪崩を打って群れを成し一つの方向へと向かってしまうような危うさがあります。

欲望が欲望を生む、大衆資本主義。こうした大衆社会のシステムの原型が、およそ100年前の20世紀初頭のアメリカに成立し、国を越えて拡大していったことの大きさは測り知れません。

そして、この「狂騒の20年代」は、その最後の年に未曽有の危機を迎えます。

1920年代の大不況とケインズ革命が示した市場の調節機能の欠陥

1929年、ニューヨーク、ウォール街の株式市場の株価が大暴落します。当時、世界最大の債権国であったアメリカに各国の経済も依存するような状況でした。そのため、アメリカで起きた株価暴落による経済破綻は、銀行や企業の倒産、失業の連鎖を呼び起こし、瞬く間に世界へと伝播《でんぱ》していきました。この世界恐慌と呼ばれる事態が引き金となり、1930年代に資本主義世界全域に波及し大きなダメージを与え、さらにその打開を目指す軍国主義・ファシズムを台頭させることへとつながり、第二次世界大戦がもたらされてしまったことは、20世紀最大の不幸な連鎖と言えるでしょう。

先に登場したシュンペーターと同じく、マルクスが死んだ1883年に生まれたケインズは、第一次世界大戦中は大蔵省に勤務しており、借金によって戦費を賄い、次第に覇権を失っていくイギリスの現実を目の当たりにしていました。戦後処理にあたって勝利したアメリカを始めとする連合国側が敗戦国であるドイツに対して法外な賠償金を請求することを激しく批判、その憤りから敗者との共存の道を訴えて『平和の経済的帰結』を著したことは、第1章でお話しした通りです。戦争という最悪の事態を回避するためにも経済の急激な悪化こそ回避せねばならないことが、あらためて人類の教訓として刻み込まれたのが、後の歴史です。

この大恐慌の難局に対して、アメリカは、フランクリン・ローズヴェルトが、政府が積極的に経済に介入し、赤字国債を発行して公共事業を中心に財政支出を増加させるなど、世に言うニューディール政策を展開します。そして、この政策を理論的に裏付けたのもケインズでした。不況の原因が社会全体の需要不足にあると考えたケインズは、失業者を限りなくゼロに近づける完全雇用の実現のためには、政府の積極的な財政政策などによって、有効需要の創出が必要であるとする理論を世に問いました。時代を画した書、『雇用・利子および貨幣の一般理論』でケインズが展開した有効需要の原理です。「市場には自動的な調整機能が備わっている」という当時は常識となっていたセオリーの盲点を指摘したケインズは、失業者が街にあふれる状況にあっては「市場の自由な調整に任せる」のではなく、適切な政策の介入が必要であると訴えました。それまでの経済学の常識を覆したことから、「ケインズ革命」とも後に呼ばれました。

ケインズは一国全体の経済活動は、「実際にどれだけ生産物が売れるのか」という有効需要によって制約される、と考えました。確かに人々が仮にある商品を欲しいと思っていたとしても、実際にそれを買うという行為が実現しなければ、市場で売買は成立しませんし、その商品を作るメーカーに貨幣が渡ることもありません。当たり前のことですが、この貨幣支出の裏付けを持つ需要こそが、市場が動くために有効と考え得る需要、すなわち「有効需要」だというわけです。有効需要の原理は、一国の国民経済の総生産量、経済規模は、この「有効需要」によって決定されるというマクロ経済学の基本となる考え方が初めて示されたものでもありました。企業は商品の売れる見通しが立たなければ、労働者の雇用も減らそうとしますし、そうした状況では、人々の消費需要も低い水準にとどまります。また需要は、消費とともに建物や設備などの投資によっても喚起されるわけですが、当然、実物への投資も抑えられてしまいます。

その結果、需要は低く、生産量や雇用数も低い状態が生まれ、景気は後退するサイクルへと入ってしまいます。こうなると、不況への道が待っているわけです。こうした悪循環のスパイラルが生まれた時、どう不況を克服し、どう雇用の安定を目指すか？

ケインズは政府に、言わばプレーヤーとなって臨機応変に市場に参加することで景気調整を行うことを求めたわけです。このように政府が積極的に介入することで経済を維持する考え方を「修正資本主義」と言います。自由放任主義が否定され、資本主義を健全に動かしていくためには、政府が経済を、需給をある程度コントロールする必要があることを多くの人々に認識させるきっかけでした。

時代の課題と格闘したケインズは、この「有効需要の原理」によって注目を浴びさまざまな政策提言を行うこととなります。第二次大戦終結後、ケインズの提言は主要国で採用され成果を出します。有効需要が不足している時には政府が財政支出を拡大させることで、その増大を図り失業対策を行い、逆に景気が加熱した時には、財政支出を削減し増税を行うことで景気変動を最小限に抑えるなど、安定した成長への道を示したのでした。こうした経済政策は、いつの間にかケインズ主義とも呼ばれるようになっていきます。単に国がいつも財政政策を発動する「大きな政府」とイコールで結びつけられることもありますが、それはケインズの本意ではなかったことでしょう。これもスミスの時と同様、思想が一人歩きする歴史の皮肉です。あくまでもケインズの着想、思想のベースは、常に柔軟なバランス感覚にあったのですから。

そしてここでもう一つ、押さえておきたいのは経済社会の状況です。「有効需要の原理」が求められたのは、需要曲線と供給曲線が交わるところできれいな均衡が生まれるという市場の論理だけでは、経済がうまく機能しない状況に社会が陥っていたことを示しています。確かに1920年代のアメリカが「狂騒の20年代」と言われたことはすでに見た通りですが、繁栄の中で社会のあり方も人々の意識も大きく変わり複雑化していたのです。その一つの大きな要因は、日々、時々刻々人々が一喜一憂する、あの市場にありました。株式市場です。株式市場の存在感の高まりも、20世紀に入り特にアメリカが主役の時代になって多くの市民が株に関心を持つ時代となったことも、「富を生むルール」の変更に大きな影響を与えていました。

ケインズが嘆いたアメリカ人の「国民的な弱点」は世界に広がった？

ウォール街での株式市況のあり方が、一般的な株の売買への考え方、投資というものへの思考を大きく変えたことについて、ケインズ自身によるこんな文章があります。

金融界の外部においてすら、アメリカ人は平均的意見がなにを平均的意見であると信じているかを発見することに不当に関心を寄せる傾向がある。この国民的な弱点は株式市場の上にその因果応報を現わしている。

（『雇用・利子および貨幣の一般理論』J.M.ケインズ著　塩野谷祐一訳）

かなり辛辣に、アメリカの人々の「平均」を求める思考に対して批判的な言葉で論評していま す。そして、こうしたあり方は、「投資家」ではなく「投機家」だと断定した上で、こんな文章を続けるのです。

投機家は、企業の着実な流れに浮かぶ泡沫としてならば、なんの害も与えないであろう。しかし、企業が投機の渦巻のなかの泡沫となると、事態は重大である。一国の資本発展が賭博場の活動の副産物となった場合には、仕事はうまくいきそうにない。（中略）ウォール街の達成した成功の度合は、自由放任の資本主義の顕著な勝利の一つであると主張することはできない。

（同書）

ロンドンからニューヨークに世界の金融の中心が移ったことをイギリス人として苦々しくケインズが思っていたのかもしれないこと、さらにイギリスの貴族階級の出身であるケインズとしては、アメリカ型の大衆社会、文化、人々の思考様式をあまり好ましいものとは思っていなかったということもあるのかもしれませんが、それにしても厳しい断定です。ケインズの人間臭い横顔が垣間見えて面白いくだりでもありますが、そうしたことを差し引いたとしても、経済学者として冷静に、当時こうした感覚で株式市場に参入する人々が増えていく状況を憂慮していると言えるでしょう。「平均」の「平均」にばかり目がいき、短期的な儲けをギャンブルのように追い求めるあり方が広まることへの危機感です。市場のあり方、人心のあり方への懐疑を投げかけ、ウォール街の「投機」資本主義への苦々しい思いを、理論書の中であるにもかかわらず、自由なエッセイのような語り口をまじえながら社会批評として展開しています。こうした状況が、この頃からおよそ100年近く経とうとする現在、アメリカでももちろんですが、新NISAブームに沸く日本の株式市場でも生まれていないことを祈りたいところですが、さて？

20世紀は全体を俯瞰して見ても、株式を中心とした金融資本主義の拡大が目覚ましい時代と言えるわけですが、イギリスのロンバード街に代わって世界の金融市場の中心となりパックス・アメリカーナを支えたニューヨーク、ウォール街のありようは、単にマネーの力というにとどまらず、多くの人々の意識、考え方に大きな影響を与えたことは間違いありません。それは、さまざまな生々しい、波乱万丈、栄枯盛衰のエピソードを生むことにもなりました。80年代には映画『ウォール街』で、実際の投資家をモデルに儲けるためには手段を選ばない強欲な人々の欲望が交錯する場として描かれ、「強欲は善」という名ゼリフも生みましたが、そのイメージは今も形を変えて残り続けています。

ウォール街の欲望の形から大衆心理を読んだケインズの「美人投票」

こうした、ウォール街を一つの象徴とする株式市場という場が生み出す心理劇。株式市場をめぐる人々の欲望のありようと重層的な人々の心の揺れを、ケインズは説得力ある、興味深い比喩で解説してみせました。先の『雇用・利子および貨幣の一般理論』の第12章で、当時実際にロンドンのタブロイド紙上で行われていたという「美人投票」を持ち出して語る、有名なくだりがあります。

新聞紙上に100名の女性の写真を掲載して、どの女性が最も美人か、読者に投票を呼び掛ける企画がありました。よくあるコンテストですね。しかし、ここからがポイントです。一つ条件を付け加えるだけで、大きく結果が変わるだろうというのが、ケインズの見立てです。

「最も多くの票を集め優勝者となった〝美人〟に投票した人には賞金を与える」

このシンプルな一つの条件で、投票行動は大きく変わります。もはや2020年代の現代に生きる僕らは、すでにさまざまな懸賞つきアンケートなどを目にしていますし、身近なところでは、アイドルの総選挙などでも同じようなシステムを知っているのでさして驚く話ではないと思うかもしれませんが、およそ１００年前のロンドンでこのコンテストの仕組みを知った時のケインズの目には、実に皮肉な事態と映ったのです。

この条件が一つ加わっただけで、コンテストの結果は大きく変わってしまいます。賞金を得るためには、客観的な美の基準に照らして選ぼうと考えたり、また自分自身の美的感覚で投票しようとしたりしても、結果には結びつきません。ここで重要なのは、「みんなの票を集めそうな人」に投票することなのです。壇上の美女たちもさることながら、それ以上に投票者たちの顔色、思惑を読むことにみな、神経を使うようになります。そして、ここでさらに事態を複雑にするのは、当たり前のことですが、誰しもが自分と同じように賞金を稼ごうとしていることなのです。平均的な投票者が誰を美人と判断するかを予想するだけでなく、平均的な投票者が、「平均的な投票者がどのように予想するか」をさらに予想するという状況が生まれます。かつて『クイズ１００人に聞きました』という人気番組がありましたが、まさにこの大衆心理をエンターテイメントとして表現してみせたものだったと言えるでしょう。ある問いを１００人に投げかけた時に、多くの人が何と答えたかを当てることが重要なのです。この場で大事なのは、「正解」なのではなく、ある意味、人々が思う「正解らしさ」ということになります。「美人投票」にあっても、たとえばある人が何らかの理由で多くの票が集まりそうだというような「噂」が立つと、その人に投票したほうが賞金を得られる確率が高くなります。このことによって、実際にみんなの票が集まり、その人が「美人」に選ばれてしまうというようなことも起きることでしょう。そして、参加者は、いつの間にか、いかに「勝ち馬に乗るか」ばかりを考えるようになり、もともとの投票の原点にあったはずの「美の基準」などどこかへ行ってしまうことになりかねません。

ケインズはこの人々の投票の話を、市場での株式の取引で利益を上げようとする人々の心理を表現するために用いました。これに倣《なら》えば、株で儲けようとする人々は、自分が「本当に価値があると思う」会社の株よりも、「他人から価値があるように思われそうな」会社の株を買おうとするということになるでしょう。もはやその株の価値=会社の本質的な価値よりも、人々の心の動きや人気を読むほうが重要だということになっていくのです。その究極にある市場の姿は、シニカルに表現すれば、「噂こそが企業価値」という状況です。

先に触れたジラールの「欲望の三角形」理論を重ねて考えると、いよいよ人間の欲望の錯綜が見えてきますね。大衆消費社会の広がりとともに、次第に人々は、自分の欲望において対象物を欲望するのではなく、他人が欲望するものを無意識のうちに模倣してしまうと言ったのがジラールでしたが、そこに「勝ち馬」に乗りたい心理まで加わってくると心の揺れも複雑です。多くの他者が思う美を推測して、今度は意識的に狙って投票する行為に走ってしまうというわけです。いずれにせよ、自らの心の底に眠る想い、美の基準からはどんどん遠のいていってしまう少々哀しい状況が生まれます。

これはケインズの時代の株取引における心理にとどまらず、もはや現代社会においては、政治の世界や、SNS上の言論は言うに及ばず、日々のさまざまな場面で生まれる現象、人々を支配する心理となってしまっているのかもしれません。実際このケインズによる比喩を講義などで話すと、学生のみなさんの多くが共鳴し、現代の事象にも同じ構造を見出す経験談を語り始める場面に何度も遭遇してきました。残念ながら確かに、二重三重の心理戦が強いられる現代社会では、多くの人々が主体的な意志や正直な気持ちから徐々に遠のいていく選択のあり方、生き方になっていってしまっている証明かもしれません。第1章での『インセプション』の話さながらに、いつの間にか、僕らは自分の欲望ではない何かを埋め込まれ、駆り立てられるようになっているのでしょうか？

ケインズの「美人投票」は単に株式市場だけでなく、大衆化された社会の心のメカニズムを暴き出した、秀逸な喩えだと言えるでしょう。

20世紀前夜から指摘されていた「見せびらかしの消費」という現象

そもそも、「大衆社会」とは何でしょうか？

あえてイメージが伝わりやすい言い方で定義してみるなら、社会を構成する人々が「群れ」

と化してしまう状況だと言えるでしょう。理性によってそれぞれが主体的な判断を行い、同時に他者の意思も尊重することで成立しているはずの社会にあって、その主体性を見失い、「隣の人と同じ」ことに引っ張られて行動する集団と化してしまうことを意味します。

ソースタイン・ヴェブレンという、ノルウェー系のアメリカ人で異端の経済学者とも言われた知性が「衒示《げんじ》的消費」という概念を著したのは1899年、まさに20世紀前夜のことでした。「見せびらかしの消費」などとも訳されることがあるこの言葉は、ヴェブレンによる当時のお金持ちたちの消費傾向やマインドを説明するために、『有閑階級の理論』という著書の中で用いられたものです。「有閑階級」は、単に利益の最大化を目指す「経済合理性」では動きません。高級品を買うことで、自らの財力を他者に誇示するという行動に出ることもあります。文字通り「見せびらかし」ですね。さまざまな他者の視線と欲望が織りなす社会で生まれる消費行動は、時として需要と供給で説明される経済合理性では考えられない行為に及ぶことをヴェブレンは指摘したのです。20世紀前夜の時点で、ある意味、暇を持て余したお金持ちたちの消費行動の中に、すでにヴェブレンは「群れ」と化した人々が持つ性向、集団心理から、経済行為が形成されていく様を洞察していたとも言えると思います。ちなみに彼は、このような人間の性、社会慣行のような「純粋な市場原理」の「外部」に位置づける他ない人々の慣習、文化、社会制度などに注目したことから、経済学における「制度学派」の創始者とも呼ばれています。

当時としてはまだ、浪費もできる余裕があり社会的名誉を欲しがる「有閑階級」に限って見られた現象だったわけですが、ヴェブレンは彼らの心の中に生まれるこうした欲望は人間の性として普遍的なもので、物質的な豊かさが増していく社会となるほどに、多くの人々の間に広がっていくものだと考えたのです。

そしてもう一つ重要な見方を付け加えるならば、第3章で触れたように、「無形資産」時代に「交換価値」ばかりが駆けめぐるような現象の予兆を捉えていたとも言えるわけです。つまり、経済活動というモノの売買には、象徴的な意味が含まれており、消費行為の記号化は、大衆社会の広がりによって加速していくということです。「SNS映え」という現象ももう普通に無邪気に語られることも多いのですが、実はこのヴェブレンの指摘ともつながっている、深い人間の性を考えさせられる話だと思います。

大衆社会で「群れ」となった人々が求めたのが「科学」「合理性」？

さて、「群れ」となった人々の行動で何が一番怖いかと言えば、雪崩を打って一つの方向へと進む状況ではないかと思います。周囲の目、意向に合わせることばかりに夢中になり、またそうした人々が形成する空気に逆らい「仲間はずれ」にされることが恐ろしくなった人々の「群れ」に内部から歯止めをかけることは困難です。みな大勢に従い、懐疑を忘れ、あるいは表明できず、同じ方向に向かっていってしまいます。それが、極端な形で現れる時は、集団的ヒステリー状態につながっていくことを、歴史は経験してきました。経済的な行動としては、大不況の中で銀行の倒産などが噂されると、噂が噂を呼び、取り付け騒ぎが起きるなど。また政治的には、一つの思想の下に集団心理が形成される全体主義＝ファシズムという形態をとることもあります。

こうしたところまで一気に行かずとも、そのような集団心理の土壌にあるものは一体何なのでしょうか？

> 大衆とは、善い意味でも悪い意味でも、自分自身に特殊な価値を認めようとはせず、自分は**「すべての人」と同じ**であると感じ、そのことに苦痛を覚えるどころか、**他の人々と同一であると感ずることに喜びを見出しているすべての人のこと**である。
>
> （『大衆の反逆』オルテガ・イ・ガセット著　神吉敬三訳　太字引用者）

ケインズの『雇用・利子および貨幣の一般理論』が世に出る数年前の1930年、ヨーロッパ全土でもアメリカ型の大衆社会のマインドが広がっていることを指摘した、スペインの思想家、オルテガ・イ・ガセットは、「大衆」の性質をこう定義しています。人と同じであることに、ある種の安心感を求めて、そこに安住してしまう状態とも言えるでしょうか？　それは、裏返せば、集団の一人一人が、他者とは異なることに不安を感じるということです。そうした意識や感情が経済や社会の形にも影響を与えないはずがありません。そしてその大衆の実像についても、こんなことを言うのです。

今日の科学者こそ、大衆人の典型だということになるのである。しかもそれは、偶然からでもなければ、個々の科学者の個人的欠陥からでもなく、実は科学――文明の根源――そのものが、科学者を自動的に大衆人にかえてしまうからなのである。つまり、科学者を近代の未開人、近代の野蛮人にしてしまうからなのである。（同書）

「科学者」を、「科学」というものが持つ性質を、警戒せよ。20世紀は、科学の急激な、驚異的な発展とともにありました。そして、その過程でさまざまな領域が生まれ、研究対象も細分化されていきます。深く狭い研究分野の精緻化が行われ、それが大きな成果を上げたことはもちろん間違いありませんが、同時に、その限られた領域のみを探究することに「専門」性が生まれていきます。「専門」の方法論の追究には長けていても、その枠組みから一歩外へ出たら、それ以外のことには無関心という人も生みます。そうした「専門」化によって失われていくもの、社会に与える影響について、オルテガはこう断じます。

かつては、人間は単純に、知識のある者と無知なるもの、多少とも知識がある者とどちらかといえば無知なるものの二種類に分けることができた。ところが、この専門家なるものは、そのいずれの範疇《はんちゅう》にも属しえないのである。彼は、自分の専門領域に属さないことはいっさいまったく知らないのだから、知者であるとはいえない。しかし、かといって無知者でもない。というのは彼は「科学の人」であり、彼の領域である**宇宙の小部分**はよく知っているからである。われわれは彼を知者・無知者とでも呼ばねばなるまい。これはきわめて重大な問題である。というのは、この事実は、彼は、自分が知らないあらゆる問題において無知者としてふるまうのではなく、そうした問題に関しても**専門分野において知者である人がもっているあの傲慢さを発揮する**であろうことを意味しているからである。

（同書　太字引用者）

大前提ですが、「科学」は言うまでもなく、近代が生んだ、とても有益な分析手法であり、真実に迫るための解析に欠かせない方法です。しかし、「科学」的であることに魅せられてしまい、科学的な思考のみが真実であるという「自然主義」に囚われてしまうのは、本末転倒です。オルテガの言葉を借りれば、「宇宙の小部分」しか知らないのに、その成果、方法だけで、その外に広がる広大な領域の宇宙まで語れると思い込んでしまう「傲慢さ」は、大きな過ちを犯すことになります。「部分最適、全体最適ならず」は、しばしば、一般的に経験の中でも得られる感覚だと思いますが、こうした逆説を生むのが大衆社会であり、さらに皮肉なことに、中途半端な専門性だけに囚われるほどに、総合的な視野からの的確な判断ができなくなってしまう人の「群れ」を生んでしまうのです。

逆に言えば、大衆化社会にあっては、「科学的根拠」「合理性」などの言葉が、本来の意味から反転し、都合よく使われ、本質を見失わせるものだ、という言い方もできるでしょう。データ、エビデンスが叫ばれた果てに、それぞれの限られた専門領域にいつの間にか閉じこもり、それぞれの「正解」を握りしめた結果、分断が生まれていく現代の状況が予言されていたかのように感じ、複雑な思いになります。いずれにせよ、オルテガが「傲慢」と形容したマインドが、現代の資本主義社会にあって、人々の心のうちでさらに強化されていることを見据えて、対処法を考えざるを得ません。20世紀アメリカ型大衆社会の「社会的性格」は100年以上の時を経て、確実に世界に広がり、日本社会も変えていったことは間違いないのですから。

20世紀後半、アメリカの変化をあるフレームから捉えると見えてくる構図

「アメリカン・ウェイ・オブ・ライフ」の確立と

さて、ここまでこの第4章で触れたポイントを並べてみましょう。フォード・システム、GMが生んだモータリゼーション、狂騒の20年代、ウォール街の平均化のマインド、ケインズが描いてみせた「美人投票」で投機化する市場、ヴェブレンが指摘した「見せびらかしの消費」、その背景にあったオルテガが警告を発していた「大衆」の時代、専門家の傲慢……。

20世紀前半に二度の世界大戦を経て、世界の中で大きな存在感を示していったアメリカが、大衆消費社会を築き、その文化、サブカルチャーが静かな、しかし大きな影響力を持って世界に広がっていった過程が、点と点がつながり線となって見えてきたかと思います。そして、その大きな潮流の中で個々の人々の心のうちを丁寧に覗くと、この章の冒頭で紹介した「孤独な群衆」のような内面の変化が多くの市民、人々の心理に、すでにして生まれていたわけです。自らの心の中に確かな価値判断の軸を生むことができず、だからこそ傲慢に自らの欲望に居直

り、自らの専門とする科学の知見「だけ」にすがる人々の群れをつなぐ経済関係。大衆消費社会の幕開けです。

20世紀半ばに、すでに実現していた、アメリカ型大衆社会。それは、経済的な側面から見れば、大量生産によって豊かな物質が供給され、多くの人々がそれぞれの夢の実現をマイカーに象徴される物質的な商品の購買で実感するようになっていく過程です。そしてそれは、次第に惜しみなくモノを使い捨てにする社会への移行も意味します。そこから、大量生産と大量消費の時代、まさに消費に快楽が見出され、「美徳」となる時代の始まりです。それは、豊かな中産階級層を生み出し、その消費スタイルも含めて、夢の「アメリカン・ウェイ・オブ・ライフ」とも言われるようになっていきます。超大国・アメリカの夢の形、生活様式、物質文明が、モノに乗って、世界へと浸透していくこととなるのです。

このように、現代の資本主義、そしてそれを構成する人々の心理構造を考えるためにも20世紀半ばは大きなメルクマークとなる時代ですが、では、20世紀後半のアメリカ型資本主義はさらにどんな変質を遂げていったのか？　社会の変化も、大づかみで見てみましょう。

GNP＝国民総生産という数字で見ても、第二次大戦後から1960年までの間に、アメリカのGNPはおよそ2倍になるなど、「豊かな国」として、世界で圧倒的な存在感を示していきます。しかし、このようなアメリカの成長神話も大きく失速する事態が生まれます。60年代半ば、ベトナム戦争によってアメリカは経済的に大きな打撃を受けることになるのです。また、日本やフランスといった国々も戦後復興を成し遂げ、成長の軌道に乗ったこともあり、ドルを基準とする通貨体制の維持が難しくなっていきます。1971年当時、ニクソン大統領が金とドルの交換を停止した「ニクソンショック」を受け、1973年には固定相場制も廃止、現代の為替相場の動きに企業や人々が一喜一憂、翻弄される変動相場制へと移行していくことになります。強いアメリカのイメージは揺らぎ始めたのでした。

工業化時代の終焉――「魔法のカーブ」に賭けた戦後アメリカ

1970年代は、工業化によって実現した大量生産・大量消費の「アメリカン・ウェイ・オブ・ライフ」の成功に陰りが見え始めた時期でした。70年代、そして80年代は、物質的な豊かさを求めるアメリカを始めとする西側先進諸国の資本主義のあり方が、曲がり角を迎えます。

第1章で触れた通り70年代には、世界の多くの国々で、数字の上での生産性は大きく停滞していきました。先進諸国の長期金利も低下の兆しを見せ、まさに、その成長神話の崩壊が始まりました。不況とインフレーションが同時に進行するスタグフレーションという、それまでに経験しなかった事態が巻き起こります。その間に、経済のカンフル剤として、先に触れた「金ドル交換停止」と「変動相場制の導入」もなされたわけですが、結局、アメリカは成長の方向を一時的に見失ったと言えるでしょう。73年にはオイルショックが起き、60年代まで続いたアメリカを中心とする西側諸国の高度成長は鈍化し、停滞へと転じていったのです。また、戦後、長らく経済政策の定石であった「ケインズ政策」への不信感も広がっていきました。

この歴史の皮肉を象徴するようなエピソードがあります。経済的苦境の渦中にあった74年。ワシントンD.C.のとあるホテルで、経済学者アーサー・ラッファーがレストランのテーブル・ナプキンに1本の曲線を描きました。後に「ラッファーカーブ」と呼ばれるこの曲線は、やがてアメリカの経済の方向性を大きく変えることになります。ラッファーは当時の政府関係者に向けて、税率と税収の関係を次のように説明したとされています。（図12）

【図12】「ラッファーカーブ」
T*＝税収を最大にする税率として…
税率を下げても税収アップ？

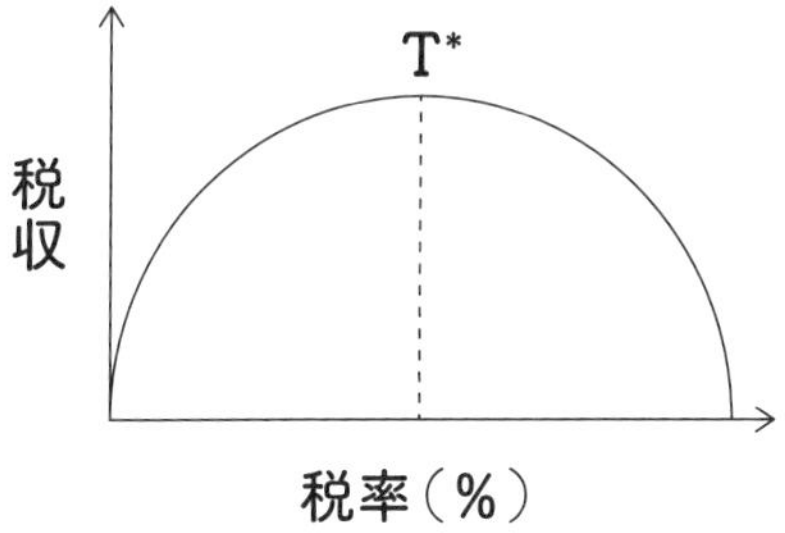

「税率を上げ過ぎると、税収は減少する」。逆に言えば、「減税しても、税収が増える可能性がある」。そこから、次のような結論が導き出されます。「税率を下げることが、むしろ、税収の増加に結びつく、アメリカ復活の道はここにある」と。

まるでイタズラ書きのような、1本の曲線から生まれた、実にシンプルな理論ですが、これが１９８０年代の、なお赤字に苦しむ政府の政策を支える理論的根拠へと発展していくのです。見たいように見てしまう人間の性と言えばそれまでですが、ある意味、経済現象が解釈によって簡単に変わってしまう「物語」であることを象徴するエピソードではないかと思います。減税と規制緩和によって政府はより「小さな政府」となり、民間の自由な活動を促せば、自ずと経済は活性化される――いわゆる「新自由主義」と言われるレーガン大統領の「レーガノミクス」は、このラッファーカーブという1本の曲線に賭けることから生まれていったわけです。80年代、新自由主義時代の幕開けでした。人々はここに新たな「成長」の活路を見出したのです。ちなみに、この時代に、ケインズからハイエクへと時代が変わったと言われるのも実に皮肉な話なのですが、それが二人の思想に対する一面的な捉え方に過ぎないことは、またあらためてお話しすることになるでしょう。

こうして、小さな政府による規制緩和と市場原理の最大化と歩を合わせるように、「無形資産」の時代が生み出されていきます。工業化の先にアメリカが、この70年代という大きな曲がり角にあって、さらなる「成長」の鉱脈として見出したのが、「無形資産」という「資本なき資本主義」へとつながる路線でした。当時、アメリカで企業買収や合併を含むM＆Aのブームが起きたのも、一つの象徴的な出来事だったと言えるでしょう。巨大資本はさまざまな業種・業態の事業運営を行うようになり、会社自体が「商品」とみなされて、企業単位の売買が常識化していきます。ブランド戦略、イメージ戦略によって、巨大なネットワークを持つ「多国籍企業」が隆盛を極め、やがてコンサルティング企業が経済に大きな影響力を持つようになり、経営戦略が声高に叫ばれるようになると、あたかも虚構の富がさらなる富を生み出すかのような、ある意味、不思議な空中戦のような様相が始まっていくのです。もちろんM&Aという戦略、文化も歴史を重ね、現代では課題解決のための重要な選択肢の一つとなりましたが、この70年代当時は、工業化の終わりの時代に、無理やり捻り出された成長路線だったのかもしれません。

冷戦構造の終焉——対抗軸をなくした資本主義の暴走？

続く1990年代のクリントン政権下では、情報通信技術の部門で革新的な変化が起き、ITの時代へと入っていきました。するとますます、「無形資産」の価値が高まっていきます。そこには、冷戦構造の解体も、非常に大きなきっかけを生み出したと言えるでしょう。

東西冷戦下では、東側の社会主義陣営の国々が存在感を示し、共産主義が西側の資本主義陣営の国々に対抗する大きな力を持っていた時代でした。政治的なイデオロギーにおいては自由主義と社会主義、経済システムとして資本主義と共産主義と色分けをされるような、明確な対立軸がありました。言い換えれば、冷戦構造解体以前は、米ソというわかりやすいパワーバランスによる対立関係の中、自らが属する国の理念、社会システムを相対的に実感することができ、皮肉なことに経済のあり方にも緊張関係を与えていたように思えます。

社会主義／共産主義は、計画経済によって、社会全体で必要な物資の量やその配分を中央政府が決定し管理するというものです。それはソビエト連邦を始めとする東側諸国の社会システムでした。これに対し、自由主義／資本主義は、市場で多くの人々が「自由な意思」によって売買を行い、富を分配していく社会システムであると、シンプルには定義することができたでしょう。しかし、89年のベルリンの壁の崩壊、91年のソ連消失、さらに中国の経済開放政策も相まって、市場経済の網の目が世界中に広がっていくことになります。

もう一つの歴史の悪戯《いたずら》がありました。東西冷戦の終焉によってアメリカは、これまで軍事費に割いていた膨大な予算を、ＩＴ開発やゲノム解析を核とするバイオテクノロジーなどのニューエコノミーとも呼ばれる分野に投資することが可能となり、そこに新たな「成長」の活路を見出していくことになるのです。結果、１９９０年代以降、資本主義とデジタル技術のネットワークが地球を覆い尽くすかのようなグローバル市場化が促進され、「無形資産」に関わる産業に対する投資もより盛んになっていきました。皮肉なことに東西冷戦の終焉で社会主義／共産主義という対立構造が崩れたことによって、資本主義はアイデンティティを失い、その姿が捉えにくいものとなり、いよいよどんな隙間にも入り込んでいくアメーバのようになっていったという見方もできるのです。

工業化から脱工業化へ

20世紀＝アメリカの時代の「富を生むルール」の変遷を駆け足で見てきました。大衆が主役の時代となり、ケインズがそうした潮流をいかにコントロールしバランスをとろうとしたか……、その後、戦後の物質的な需要が飽和して、低成長時代に「成長の果実」をどこに見出すかという新たな課題が生まれ、葛藤の中でケインズの思想が次第に後退を余儀なくされていった状況から新自由主義への転換、そして今、その反省期へ……。歴史とはあざなえる縄の如し。すべてが「つながっている」ことがイメージできたのではないかと思います。

特に第二次世界大戦後、国々によってさまざまな位相があるかとは思いますが、アメリカを中心として50～60年代までは、戦後復興の中で、工業化によって人々の欲望に応えるように物質的な豊かさを社会に行き渡らせるという消費の時代が加速していきました。しかし、やがてある程度モノが行き渡ると、成長の限界を感じつつあった資本主義は、70年代のニクソン政権における変動相場制の導入、またオイルショックの影響もあり、産業構造の転換を強いられることになっていきます。80年代には、アメリカのレーガン政権やイギリスのサッチャー政権に代表されるように、小さな政府による規制緩和によって、新自由主義的な経済の拡張が目指され、金融のグローバル化が促進されていきました。80年代後半から90年代に入ると、冷戦構造が終焉したことで、自由市場はさらなる拡大を見せ、ITやゲノム開発などのニューエコノミーへの投資が加速していきます。こうして、資本主義は、工業化から脱工業化を果たすことで大きく変貌し、今日では物質など有形の資本には囚われない、形なき資本である無形資産に活路を求めていく時代へとひた走ってきたのです。

さらなる「成長」を求めて……、まさに「形なき資本主義」へと形を変えていく、ここにあらためて「やめられない、止まらない」「欲望が欲望を生む」資本主義の生命力を見出すことができるでしょう。

モノからコト、コトからトキ、そしてイミへ——記号の消費が全面化する時代へ

トキ消費／イミ消費の現代

工業化から脱工業化を果たした現代においては、ますますデジタルテクノロジーは拡大し、ソフト化やサービス化が進みました。モノからコトへと移り変わった消費の形も大きく様変わ

りし、トキ、あるいはイミ消費とも呼ばれるようになります。そこでは、感情や精神、欲望といった僕らの内面が、商品と化し、消費の対象になってしまうという見方もできるのです。

「好きなアイドルのためなら、いくらでもお金を注ぎ込んでもいい」

「たくさんグッズを買って、『推し』を応援したい」

このような「推し活」にハマる人たちもいる現代、「応援したい」という気持ちを消費行動で表現するのは、感情が鍵となった経済と言えるでしょう。フェイスブックやエックスで「いいね」を押す行為に象徴されるように、人々は、SNS上で「共感」の数を競い、またさまざまな動画サイトではたくさんのPV数を稼いだ人には、広告費が入る仕組みができあがっています。デジタルテクノロジーに支えられたインターネットやスマートフォンなどの普及によって、僕らが生きる現代社会では、「共感」に基づいて動く経済が徐々に広がっているのです。

これがトキ消費、あるいはイミ消費と呼ばれるものの一例だと言えます。たとえば、ゲーム開発・販売において、ユーザーがいかにそのゲームを長時間プレイするように仕向けるか、そのゲーム内での「滞留時間」を重視した戦略を立て、ユーザーの囲い込みをしていくことも、立派なトキ消費経済下の現象と言えそうです。物質的な商品にしても、買い手がその商品に「物語」を見出し、自分にとっての「意味」を発見することに価値があるといかに思わせることができるか、そのような売り方、広告・宣伝のあり方は、イミ消費の典型でしょう。

こうしたトキ消費、イミ消費において、商品となっているのは、「アイデア」であり、「創造性」であり、「人生の時間」という無形なものなのです。

いつも「疲れている」現代人――「豊かな社会」の世界的問題？

このようなイミ消費、トキ消費の現代、人々の欲望は、心の形は、どのような状況になっているのでしょうか。かつてある勉強会の場で知り合った、20代後半の若手UXデザイナーの方の言葉が、とても印象的でした。

「いつも疲れるんです、理由もなく」

もちろん彼は、ごく普通の優秀なビジネスパーソンです。心の病にあるわけではありません。しかし現在、仕事をしている時もオフタイムも、あるいは、楽しく趣味に没頭しているはずの時間でさえも、慢性的にある種の疲れを感じると言うのです。

もともとUXはユーザー・エクスペリエンス（User Experience）の略称で、ユーザーが製品やサービスを通して得られる体験をデザインする仕事です。ネット上で提供するサービスなどで、ユーザーから「使って良かった」と言われるような体験を提供できるよう考えるのがUXデザイナー本来の仕事の原点のはずです。しかしそこから転じて、「どうしたら多くのユーザーに使ってもらえるか」を目指すうちに、「サービスの滞在時間をどう延ばせるか」「再訪率をどれだけ上げられるか」という方向へと仕事の目標が変化するのを余儀なくされていると感じるようになり、どうやら、それが「疲れ」の始まりでした。そのうち、オンとオフの切れ目もなくネットでさまざまな事象とつながる際に、無意識に神経を「消費」している感覚を持つようになり、疲労が慢性化していったのです。ユーザーの滞在時間の長さや再訪率が結局、自分の仕事の指標であり、常にそれを課せられ、そんなことばかり考えている自らの心のありようへの違和感がそこにあります。

トキ消費／イミ消費の最前線で、サービスを提供する側は、人の心を動かすこと、感情の商品化に心を砕くことになります。純粋な志や思いで、消費者の喜ぶ顔が見たいということが原動力になっていたはずの仕事でも、人の心を読む、感じ取ることに神経を使う以上、そこにはどうしても裏腹に「疲れる」要素がつきまとうというわけです。そうした文脈においては、たとえば、「タイパ」のような言い方で、映画の内容と結末だけわかればいいからと、倍速で動画を回して映画鑑賞をする人たちもいます。映画を鑑賞するという体験＝コトよりも、いかに時間の消費の「生産性」を上げるかのような行為も話題になりました。「ファスト教養」呼ばれるような「タイパ」の欲望の果てに待つのは？　もちろん、時に「情報」として処理し効率性を高めることを優先することが良い判断となる場合もあると思いますが、情感の豊かさを味わうようなものまで、強迫観念のように「タイパ」を目指し、それで浮いた時間を、さらに

「タイパ上げなくちゃ」といったスパイラルに陥ってしまい、自らを苦しめることになっていたら、本末転倒ですよね。

トキ消費、イミ消費と、時間、体験などが商品となり、消費の対象とも認識されていくような資本主義のサイクルの中で、奇妙な「疲れ」が人々に忍び寄っている現代。実は、半世紀以上昔に、こうした現象を予言していたかのような書があります。

現在、飢えが世界的問題であるのと同じように、今後は疲労が世界的問題となる。逆説的なようだが、これらは互いに排除しあう問題である。なぜなら**慢性的で管理できない疲労は、先に触れた管理できない暴力と並んで豊かな社会にはつきもの**であり、とりわけ飢えと慢性的貧困が克服された結果生まれたものだからだ。

(『消費社会の神話と構造』
ジャン・ボードリヤール著　今村仁司・塚原史訳　太字引用者)

「疲れ」が蔓延する現代。すでに1970年の時点で、「疲労」の世界的な問題化を語っていたのは、フランスの思想家であるジャン・ボードリヤールでした。

デジタル資本主義が加速させた「記号」を消費する世界と慢性的な「疲労」

ボードリヤールの代表作である『消費社会の神話と構造』では、その終盤で〟社会の中に蔓延する疲れ〟について、一つの項目が立てられ、語られています。

あらゆる物質的な欲求が満たされ、モノがあふれる時代において、経済的に成長の方向性が見出しにくくなり始めたことは、これまで繰り返し語ってきました。大量生産・大量消費は、人々に画一的なライフスタイルが広がっていくことも意味します。より豊かになった大衆は、そうした同質的な生活スタイルに耐えられなくなり、人とは違う商品、人とは違う生き方を求めていくのです。画一的な商品はやがて、さまざまな差異を伴った商品へと変わり、次々と生み出されていくことになります。大衆の差異を求める欲望が、工業化社会以降の脱工業化社会の成長を支えていくのです。

しかし、その現象はどこかで反転し、差異化のための差異、消費のための消費という逆転した現象を生み、人々に倒錯的な意識を呼び起こすのではないでしょうか？　消費社会を生きる現代人は、本当に必要に迫られて生産しているのではなく、消費するために生産することを強いられているのだとボードリヤールは述べます。言い換えるならば、それは「消費を強制される社会」です。物質的な商品が行き渡ることが豊かさの感覚を支えた時代は過ぎ去り、多くの人々が常に消費することを課され、それ自体に疲れを感じる時代になる、というわけです。

「意味」という付加価値を商品に付与して、新たな製品として売る。「時間」という無形のものをより消費させることで新たな商品に変える。このようにほとんど「記号」と化してしまった商品の差別化競争だけが、延々と繰り広げられているのが、まさに現代社会だという見方もできるのです。

新しい型の暴力に対象がないのと同じように、**現代の疲労には原因がない。**それは筋肉の疲労や体力の消耗とは無関係だし、肉体の酷使のせいで生じるわけでもない。もちろん精神的消耗やうつ状態や心理的原因による全身疲労などがいつも話題になっているのはたしかで、この種の説明は**今や大衆文化の一部**となり、どの新聞にも（そしてどの会議でも）取り上げられている。誰もが新発見の事実だといわんばかりにこの説明を楯にとり、自分の神経という罠にかかっていることを喜んでいるかのようだ。気の滅入るような喜びではあるが。いずれにしても、この疲労が暴力や非暴力と同じ暴露的機能をもち、少なくとも次の事実を意味していることはたしかだ。**努力の放棄、緊張の解消、便利で自動化された生活などへ向かって絶えず進歩しているはずのこの社会は、実は欲求の充足を総決算してみるとプラス面よりマイナス面のほうがどんどん大きくなってゆく社会**であり、**個人と集団の均衡状態を実現する技術的条件が増す**につれてこの均衡そのものがいっそう危険にさ

らされる社会、つまり**ストレスと緊張とドーピングに満ちた社会**なのである。（同書　太字引用者）

原因のない疲労が、「大衆文化の一部」となる状況。それは、「便利で自動化された生活」が実現するほどに、「個人と集団の均衡状態を実現する技術的条件」が増していくほどに生まれていくという皮肉な逆説は、この２０２０年代に都市生活を送る多くの人々が心の底に漠然と抱えている思いではないでしょうか？　電車内でほとんどの人がスマートフォンの画面に釘付けになっている様子、その表情に、やはり残念ながら、うっすらとした疲れを感じるのは僕だけでしょうか？　僕自身、転送されてくるメールの返事に明け暮れたりする中で、もちろんその利便性を十分感じながらも、どこまでも追いかけてくる「仕事」に複雑な思いを感じるのです。ある意味、「トキ」という資本を奪い合う資本主義とも言える段階にあって、神経の休まる時がない状況から逃れるために、スマホ時代の「断捨離」「情報遮断」が呼びかけられているのは、みなさんもご存じの通りだと思います。ボードリヤールの「ストレスと緊張とドーピング」が社会に満ちていくという言葉は、現代のデジタル資本主義を見通してのことだったように響いてきます。

文明の大きな潮流として世界に広がり、多くの社会を飲み込んでいった、アメリカ主導の

「消費社会」。その波の中で、生産より消費、仕事より余暇という概念も徐々に広がり、副産物のように生まれた慢性的な、利便性と表裏一体の「疲労」。その意味では、先ほどのUXデザイナーの彼のように、トキ消費／イミ消費の最先端で働き、デジタルテクノロジーの恩恵に浴して生きている以上、誰しもが疲れて当然なのだと言えるでしょう。自らの創造性を、ある意味「人の心を操ること」にばかりに向けて、同時にユーザーとしてもアルゴリズムによって「仕掛けられた消費」をさせられていることを常に意識せざるを得ない状況では、疲れを感じるのは、むしろ健全である証拠と言えるのかもしれません。

「余暇」も競争になった時代のねじれた欲望

半世紀以上前に、高度大衆消費社会の入り口で、すでにして語られていた「疲れ」の本質について、もう少し丁寧に考えてみましょう。

消費社会の主役たちは疲れきっている。彼らの疲労については、心理＝社会学的立場からさまざまな解釈を試みることができる。消費過程は、機会を均等化したり社会的（経済的または地位をめぐる）競争を緩和したりするどころか、あらゆる形態の競争を激化させる。消費することによって、われわれはついに競争状態が普遍化され、全体主義化される社会に生きるようになる。**この社会では、経済、知識、欲望、肉体、記号、衝動などあらゆるレベルで競争原理が貫徹し、今後はすべてのものが差異化と超差異化の絶え間ない過程においで交換価値として生産される**のである。

消費社会は〝渇望〟と〝欲求とその充足〟を組み合わせているつもりになっているが、実際にはそうではなくて、**競争と社会的上昇の強制および個人的快楽の最大化という、今後極度に内面化されるであろう至上命令との葛藤に悩む人びと（社会階層といってもよい）の内部に、ますます増大するひずみを生じさせる。**

（同書　太字引用者）

物質的な豊かさをある程度達成し、「生産」より「消費」へと人々の意識が向かい、その力学が強まる社会にあっては、社会は「差異化」によって駆動するようになり、今度は、消費においてさまざまな競争が激化する、というわけです。先に触れた異端の巨人とされるヴェブレンによって提示された「衒示的消費」という、見せびらかしのための消費行動の概念を思い出してください。「有閑階級」ばかりでなく、大衆社会の拡大によって、「差異」化と「均質」化との狭間で引き裂かれる、ねじれた精神状態が多くの人々の間に広がっていくということでしょう。「全体主義化される社会に生きるようになる」という〝予言〟は、皮肉なことに、多様性などを謳う「リベラル」が掛け声ばかりと感じた人々が「正論」に「疲れ」、「ポリティカルコレクトネス疲れ」を生んでいるような現代の状況にも重なるように思えます。その反動が、時に民主主義への不信を生み、人々を権威主義に走らせるからです。

ボードリヤールが本書をしたためたのは、60年代のフランス、68年の「五月革命」ないしは「五月危機」と呼ばれる若者たちの反乱の時代、物質的な豊かさが行き渡っていく中で、むしろ精神的な飢餓感を抱える若者が増えていった時代のことです。結局、フランス始め、アメリカでも日本でも盛り上がった学生運動は、彼ら彼女らの誤った闘い方によって壮大な反抗期だったかのようにその火は消されていったわけですが、その問題意識の原点や背後にあった想いなどは精査する価値があるかもしれません。急激な近代化と大衆化の中で直感されていた社会の空気の変化、生理的な違和感、深層心理など、イデオロギー抜きでフラットに考察してみることは、実は現代に至る資本主義がどこで人々の心を歪めたか、考えるヒントになるように思います。

物質的な豊かさを追求し、平等に行き渡らせること。掲げられた目標は、その実行が目指される過程で、微妙なねじれを生んでいくことになるのです。日本では団塊と呼ばれたように、世界でも第二次大戦後に一気に増加したベビーブーマー世代の人口は大きく、世代内の競争も激しく他者との比較による意識も生まれます。さらに物質的な豊かさだけではなく、「仕事」でも「余暇」でも、精神的な豊かさについても平等に行き渡らせることも大事だという主張も強まっていきました。その理念自体に異議を唱えるわけではありませんが、しかし社会レベルでのその実現は、とてつもない難題です。

「生産」だけでなく「消費」も、「消費」に紐づく「余暇」も平等化せよという圧力とも言うべきものが生まれ、時に奇妙な心理を生みます。仕事と余暇、生産と消費のスパイラルの過程をあまねく享受させるべきとの「平等の思想」が教条的になった途端に、すべて横並びの「消費」という形の抑圧を生んでいくとしたら。人間の欲望の扱いは本当に難しいものです。

欲望が羨望に変わる時

さて20世紀アメリカ主導の大量消費文化のメンタリティが、すでに１９５０年代から70年代ぐらいまでの間には日本を含む多くの国の人々の心に根付き、世界に広がっていたことを確認してきました。こうした大衆社会のねじれた欲望を、現代のインターネットがさらに増幅させるのではないかという問題提起もしてきました。他者との関係性の中で生まれる、欲望。ここに少し怖くなる、欲望にまつわる感情についての言葉があります。

嫉妬は羨望にもとづいているが、少なくとも二人の人物との関係をふくんだものであり、おもに愛情に関係していて、当然、自分のものだと感じていた愛情が、競争者に奪いさられたか、奪いさられる危険があると感じることにある。

（『メラニー・クライン著作集5　羨望と感謝』
メラニー・クライン著　小此木啓吾・岩崎徹也責任編訳）

他者を妬ましく感じる「嫉妬」。そして、羨ましいと思う感情である「羨望」。ウィーン生まれの精神分析家メラニー・クラインは、嫉妬、羨望など、その情動に動かされる当事者自身さえ自らの心の内に隠された想いに気づかない、あるいは気づいても認めたがらない人間関係にまつわる感情について吟味し、語ります。この分析も1957年というはるか昔のものですが、人間の抱える、普遍的な性をえぐり出す定義として、傾聴すべきものがあると思います。

ジラールの「欲望の三角形」についてもすでに触れましたが、二人の人物の間に、ある対象を奪い合う競合関係が生まれている時、その心の関係性、無意識のメカニズムはとても複雑なものです。SNSなどのインターネット空間は、ある意味、こうした人間関係のもつれた感情を一部可視化することになってしまったと言えるのかもしれません。もちろんそれは良き出会いへとつながることもありますが、憎悪の連鎖が生まれるなど、負の感情が渦巻く事態に至ることもあります。そして、人間関係が複雑化し、感情の商品化とも言うべき事態が進む、現代のポスト産業資本主義時代にあっては、嫉妬、羨望、そして欲望というものが形を変えて蠢《うごめ》いているという言い方もできるのです。
さてクラインの言葉に戻りましょう。羨望という感情を彼女は明晰に定義します。

羨望は、自分以外の人が何か望ましいものをわがものとしていて、それを楽しんでいることへの怒りの感情であり――羨望による衝動は、それを奪いとるか、そこなってしまうことにある。（同書）

「羨望」とは、「望ましいもの」であるほどに、「奪いとるか、そこなってしま」いたくなる感情である。シンプルですが、なんとも薄気味悪い、少し恐ろしくなる言葉ではないでしょうか。こうして、自らが欲するものほど壊そうとしてしまう、「羨望」の根源的で破壊的な性質に着目したクラインは、この「羨望」が人間が最も深いところに抱え込んでいる感情だという説も残しているようです。「承認欲求」などの言葉が身近になった現代社会で、〝羨ましい〟という感情が知らず知らず人々の間に誘発され、破壊的な行為にまで走らせるメカニズムがネット上で増幅されているとするならば、こうした現象についても考えねばならないでしょう。いずれにせよ、高度大衆消費社会の大波は、欲望を羨望に変える力を持っていることを僕らは自覚しておくべきですし、そうした潮流の中を、少なくともこの半世紀以上、多くの国々の人々が生きているると言えるのだと思います。

欲望——それは、人間社会の中ではさまざまな想いがまとわりついて現れるものです。欲しいという感情のベールをはがしてみれば、羨望、嫉妬、貪欲……。その背後には、複雑な形状の淀みが蠢いているのだと思います。砂漠で一杯の水にめぐり合った時の、生命維持の本能から生まれる欲求と、やはり欲望は異なるのです。

「ほしいものが、ほしいわ。」

（1988年　西武百貨店）

かつてバブル絶頂期に、糸井重里さんが生んだコピーですが、それは豊かさの中でワガママを主張していた声なのか、むしろ足るを知る人間の言葉だったのか、ジラールの欲望の三角形のように他人の欲しいものを欲しがる人間の心の回路を暗示していたのか……、今読んでも味わい深いものがあるように思います。

欲望はなくなりませんし、なくなったらおしまいです。しかし、自らが抱える欲望の形に無自覚でも終焉の危機が訪れることでしょう。そのアンヴィバレンツの中、人はもがき続けます。時に立ち止まり、自らの心の底を覗き込んでみることも必要なのです。

さて第5章は、その方法、この時代の資本主義との向き合い方について、考えてみましょう。

［第5章］

創造力が商品になる時代の「働き方」

虚実を超える価値創造とは？

アテンション・エコノミー、監視資本主義、感情労働への対応は？

現代の「欲望」が生む資本主義の光と影

アダム・スミスの「見えざる手」が生まれた時代、そして時の流れの中で、ある意味、その思想への理解と誤解によって需要曲線・供給曲線という二つの曲線が交わるグラフで表現されるようになった時代を経て、さらにＧＡＦＡＭというプラットフォーマーが登場しＡＩが席巻するデジタル資本主義、無形資産が大きな影響力を持つポスト産業資本主義と称される現代まで……。４章にわたって歴史のスパンを大づかみに設定しつつ、資本主義という形を変え大きくなっていく怪物について、さまざまな角度から考えてきました。怪物とつい言ってしまいましたが、形態を変えながらエネルギーを増していく様は、まさに怪獣・シンゴジラのようです。資本主義という巨大な生命体の正体を捉えるべく、歴史の大きな潮流の中で、その時々に生きた人々と経済の営みの変化を想像してみると、人間たちによる「生き抜くための」挑戦は、本当に遠くまでやって来たと感慨を覚えます。

特にこの21世紀に入ってからの変化は目まぐるしいものがあります。IT、AI、DX……、デジタル技術によって、GDPという数字には表れない便利さが確かに生まれていることも事実でしょう。ある品物やサービスを、一単位増やす際にかかる費用を限界費用と言いますが、たとえば情報の伝達などにあって今までなら郵便代がかかるところが、メールなら瞬時にほぼ「限界費用ゼロ」で目的を達成できることが象徴するように、経済のあり方やコストに対する考え方を劇的に変えています。インターネットによって、さまざまな情報がお金をかけることなくスピーディに行き交うようになったことは、社会を変え、大きな利便性をもたらしました。「シェア」という文化が広まり、その意味でもお金の取引に表れない効用が経済的にも生まれています。

実際、デジタル化された情報が価値の源泉となる時、さまざまな試みがなされることで、ある種の「デジタル余剰」「消費者余剰」、すなわちお金のやり取りとしては換算できない効用、成果を生む可能性があるわけです。ここ数年のトレンドのキーワードは、DX、メタバース、NFT、DAO……など。デジタルなデータ化による経済活動としては、仮想通貨／暗号資産はもちろん、ゲノム、AIなど新技術のフロンティアまで巻き込んで、デジタルの世界に、イノベーションの可能性の期待がかかっていることに間違いありません。

これらはもちろん、大きな成果であると言えるでしょう。こうしたデジタルによるデータ化を基軸にさまざまなジャンルで、またジャンルを横断するように、新たなサービス、快適性が追求され、これからの時代の可能性を切り開いていってくれることへの期待もあります。

しかし……、光もあれば、影もあります。このデジタルのネットワークの中、「デジタル余剰」の背後で、富の奪い合いが生まれ、人々の精神を蝕むような皮肉なダークサイドが生まれていることも事実なのです。デジタル技術主導の「差異」による利潤獲得競争が、静かに激しさを増すことによって、現代の働く人々の心は少なからず苛《さいな》まれ、社会の形も歪んでいることも、しっかり視野に入れなければならないのではないでしょうか？　影の部分にも対応できる構え、考え方が必要なのです。

変わりゆく社会、仕事、働き方、人々の心のありよう……。現代ならではの「欲望」が生み出す資本主義の光と影を直視し、どう対応していくか？　この章では考えます。

注意、関心……、人間の心の揺れが利益を生む？――アテンション・エコノミー

プラットフォーム主導の資本主義が21世紀に入って急激に広めた現象として、アテンション・エコノミーという概念があります。すでに1969年に、その後ノーベル経済学賞を受賞する心理学者・経済学者であるハーバート・サイモンが生んだ言葉ですが、消費経済から情報経済へ移行する過程で、人間のアテンション＝注意力が限られたものでありキャパシティがあ

る以上、それが貴重な資源へと変容していくことになるであろうとした予測に端を発するものです。端的に言えば、人々の「注意」や感情の揺れが、そのまま希少な資本となる、というわけです。関心や注目の度合いが経済的な価値を持つ商品となり、まるで貨幣のように交換材として機能する状況の到来……、それは、インターネット空間が生まれたことによって、明確に一つのビジネスの主戦場となり、現実のものとなりました。

ビッグテックのオンラインサービスには、無料で提供され、金銭的対価を支払うことなく利用できるものも多いですよね。しかし、それらを運営する企業の収益の大部分は広告収入で、この数字は僕らがそのサービスをどれくらい長くそのサイトに滞在し利用するかによって左右されているのはご存じの通りです。たとえば、フェイスブック上で表示されるニュースについては、ユーザーの視聴履歴や閲覧時間が追跡され、閲覧するユーザーに合わせた広告やコンテンツが表示されます。こういった仕組みが、アテンション・エコノミーを生み出しているわけです。第4章の後半でUXデザイナーの方が抱える「疲れ」について考えましたが、彼はこのアテンション・エコノミーの最前線で、ユーザーのアテンションを獲得する闘いを常に強いられているということになります。

プラットフォーマーの多くは、利用者の興味、関心……、「知りたい」「つながりたい」欲望を、売り上げを生み出す貴重な「資源」と捉え、彼らが提供するオンラインサービスを少しでも長く使ってもらうためにUXデザイナーなどに人々の注意を引くような設計を依頼し、そこからデータを得ることでさらなる設計の高度化を繰り返し、ビジネスモデルを最適化させてきました。いつの間にか、新たな通信技術の誕生が、情報の質や中身の議論をよそに人々の関心や注目を集めること自体が重視されるような事態を招き、そのほうが大きな経済的利益につながりかねない状況が生まれています。

しかし、それは、公共的な意味においては、社会にすでに「不利益」を生んでしまっているのではないでしょうか？ 「注意」を引きさえすれば利益になる、それでいい……、そんな考え方で動く企業家たちばかりになってしまった社会は、大衆化が加速し、ケインズの「美人投票」以上の錯綜する現象が激しさを増していくばかりです。

個人的な経験を「無料の原材料」として利用する「監視資本主義」とは？

こうした状況に強い警告を発する研究者たちも増えてきました。ハーバードビジネススクール名誉教授ショシャナ・ズボフはその代表ですが、「監視資本主義」という言葉でプラットフォーマーたちの振る舞いを厳しく批判します。デジタル経済が生み出した、「人の心のデータ化」によって駆動する資本主義について語ります。

「監視資本主義」とは、一方的かつ密かに監視する状況以外では成功しない、蓄積と経済的論理の一形態なのです。この事実は一連の経済的課題をもたらします。そして、経済学者やユーザー、法律家など、誰もが予想していなかったような結果が、人々や社会、民主主義にもたらされるのです。

監視資本主義は、個人的な経験を無料の原材料の源として要求するのです。そして、その無料の原材料から行動データを抽出します。行動データとは、私たちの経験から得られるデータのことで、私たちの行動パターンを予測するための手がかりとなります。監視資本主義企業は、手に入れた行動データを自分たちの資産だと主張します。

（『脱成長と欲望の資本主義』丸山俊一＋ＮＨＫ「欲望の資本主義」制作班より抄訳）

１９８０年代後半から情報技術と、そこに生まれる心の変化について、社会心理学者として考察を重ねてきたズボフですが、近年はコンピューター社会がもたらす人間の精神と社会構造への影響について、大いなる警告を発し続けています。デジタル資本主義最大の問題は、人間の「認識」の問題であり、そして「尊厳」の問題であるという危機感がそこにあります。近代的な価値観の中で培われてきた、意志ある人間の「主体性」、それに基づく「主体的」な「認識」というものすらいつの間にか、操作、支配されているかもしれない社会構造の歪みに警鐘を鳴らすのです。

　利用したつもりでいるサービスによって、実は利用され、心を操作されているとしたら？

　Amazonのプレスリリースを読んだというズボフの言葉です。


「朗報です。私たちの顔認識システムは、喜び・悲しみ・怒り・嫌気・驚きを識別することができました。そして今、新たな感情を識別できるようになりました。その新たな感情とは、恐怖です」。これに対して、私はこう思いました。自分の顔をAmazonに提供すると同意したことはありませんし、恐怖を認識させることにも同意したことは一切ありません。

　監視資本主義にとって、顔は貴重な原材料です。多くの筋肉から作られる微かな顔の動きは、私たちの感情を読み取るための最適な手がかりとなります。彼らは、私たちの感情から未来の行動を予測します。私たちは、Amazonの顔認識カメラが私たちの顔を見ていることを知りません。私たちには、私たちの何が収集されているのか分かりません。これらの感情を取得する許可を彼らに与えてはいませんし、ましてや、未来の行動を予測するためにこれらの感情を使用する許可も与えていません。彼らがそういったデータを取得していることを私たちは知りませんし、何も許可していません。全ては監視のために、気づかれないように設計されています。許可も求められたことがないので、私たちには戦う権利もありません。撤回する権利も、争う権利もありません。（同書より抄訳）

ズボフは、人の表情が資本主義の「原材料」、すなわち利潤の源泉となるというSF映画のような事態の現実化に、深い憤りを表明します。確かに、現代のコンピューター・ネットワークの中では、センサーやカメラが、スマホ、パソコンは言うに及ばず、さまざまな場、機器に搭載されており、人々の行動のみならず、癖、表情、そして会話など微細なところまで捉え、解析、データ化が可能となる状況が整いつつあります。ズボフは、オンライン上のすべてに加え、家や車の中、路上、街中、学校、診療室……、さまざまな環境で行われているコミュニケーション、ダウンロードしたアプリ、パーソナライズされたサービスなど、これらはすべて、監視を行うためのサプライチェーン・インターフェースなのだ、とまで言うのです。気づかないうちに抽出された行動データは集積され、未来の行動予測に使われ、新たな市場での商品となっている、というわけです。「データが商品になる」という発想は、いつの間にかテック業界のデフォルトとなり、今では一般的にも浸透しています。この新たな監視経済は、さまざまな分野に広がっています。もともと情報集約型である保険などはもちろん、農業・小売・教育・金融・ヘルスケアの分野でも、常識化してしまいました。

「デジタル・データ」資本主義が生んだ「鉄の檻」とは？

データを「抜き取る」ことによって駆動する資本主義にあっては、「個人情報」「プライバシー」を脅かされることへの不安にとどまらず、「偽情報への懸念」も増し、結果、社会の「分断」も招くことにもつながります。ズボフは、そもそもデータが、「原材料」＝資本として収集される社会のあり方に対して、根本的な疑問を提示するのです。

思えば２０１０年代初頭ぐらいまでは、デジタル資本主義に対しても時代の空気は牧歌的だったと言えるのかもしれません。多くの人々がＳＮＳにも、素朴な希望を持っていたと言えるでしょう。「アラブの春」に象徴されるように、「自由と民主主義を広げるツール」として歓迎されていたわけです。しかしその後、アメリカ大統領選で繰り広げられる戦術、フェイクニュース現象などを象徴的に、真偽のつかない情報の乱反射、感情のぶつかり合いの空中戦など、空疎な炎上が生まれていくにつれて、希望は失望に変わり、多くの懐疑と怒りを伴う声が生まれ広がっていきました。

ネットにおける倫理の崩壊と軌を一にして、利益を最大限に上げるために、人々の「感情を操作する」競争に、多くのプラットフォーマーたちが走り出します。２０１７年に、すでに会社を離れた立場にあった、フェイスブック初代ＣＥＯであるショーン・パーカーが、こんな懺《ざん》悔《げ》の言葉を残しています。

アプリ開発者の思考プロセスはこうだ。

「最大限にユーザーの時間や注意を奪うためにはどうすべきか？」

そのためには写真や投稿に対して「いいね」やコメントがつくことでユーザーの脳に少量のドーパミンを分泌させることが必要だ。人の心理の「脆弱性」を利用しているのだ。それは私のようなハッカーが思いつく発想だ。私たち開発者はこのことを理解した上であえて実行したんだ。

（CBSニュース　2017年11月9日）

人の心理の「脆弱性」を利用する、とはなんとも哀しくなる言葉ですが、この10年ほどの間に、サービスを提供する側に生まれたモラルの崩壊であり、またグローバル化をベースとする市場原理全盛のこの30年あまりの間に起きた企業人たちの意識の変質とも言えるでしょう。あるいは残念ながら、人間社会の本質に太古の昔から蠢いていた欲望が、デジタル化によって噴出してきたという見方が、ここでもできるのかもしれません。いずれにせよ、人々の性、心の中にある「弱さ」に着目して、ビジネスにする動きが進行しているのです。そのことは、やはりデジタル資本主義の「影」に対応するために、あらためて自覚しておかねばならないでしょう。
人々の生活のあらゆる場面から情報を抽出して行動を予測、そのデータを富の源泉とするビジネスの存在に対して、ズボフの警告は続きます。

あるデータサイエンティストに言われたことがあります。この人は、監視資本主義の大手企業で働いていて、あることを説明してくれました。それは、現在、全てのアプリケーションは、その機能が何であれ、最大量のデータを抽出するように設計されているという事実でした。つまり、アプリが携帯電話に搭載されていれば、操作することで提供されるデータ以外にも、マイクやカメラなどを使って携帯内のあらゆるデータにアクセスしているのです。さらに、連絡先にアクセスして、そこから得られる全ての情報を探していることもあります。これが、私たちが暮らしている今日の世界です。
(『脱成長と欲望の資本主義』丸山俊一+NHK「欲望の資本主義」制作班より抄訳)

こうした仕組みの存在が事実であれば、立場を変えて見れば、利益のために技術が許す限りの膨大なデータ抽出を常に強いられている技術者たち、またそのデータを商品化するビジネスパーソンたちも数多くいるということになります。先のUXデザイナーのストレス、プレッシャーに象徴されるように、「人の心を操作する」企み、その設計を仕事として行う人々の中にも、そのことによって自らの仕事への疑問が生まれ、すさんだ心を抱えるようになっていく人も少なからずいることを思うと不毛なものを感じます。

インターネット空間というブラックボックスの中で繰り広げられる、行動データをめぐる奇妙な攻防戦。ふと、あの古典の最後のくだりを連想してしまいました。

今日では、禁欲の精神は――最終的にか否か、誰が知ろう――この鉄の檻から抜け出してしまった。ともかく勝利をとげた資本主義は、機械の基礎の上に立って以来、この支柱をもう必要としない。（中略）将来この鉄の檻の中に住むものは誰なのか、そして、この巨大な発展が終わるとき、まったく新しい預言者たちが現われるのか、あるいはかつての思想や理想の力強い復活が起こるのか、それとも――そのどちらでもなくて――一種の異常な尊大さで粉飾された機械的化石と化することになるのか、まだ誰にも分からない。それはそれとして、こうした文化発展の最後に現われる「末人たち」》letzte Menschen《にとっては、次の言葉が真理となるのではなかろうか。「精神のない専門人、心情のない享楽人。この無《ニヒツ》のものは、人間性のかつて達したことのない段階にまですでに登りつめた、と自惚れるだろう」と。――

（『プロテスタンティズムの倫理と資本主義の精神』
マックス・ヴェーバー著　大塚久雄訳）

信仰による「勤勉」「倹約」が資本の蓄積を生み、資本主義を発展させたことを分析した社会学の古典は、最後になぞかけのような言葉で終わっています。敬虔な心によって、ひとまず「勝利をとげた資本主義」が、いつの間にか「鉄の檻」と化してしまうとは一体どういうことなのか？　その意味するものは？　官僚制による閉塞、合理化の末路などさまざまな解釈を生む。ウェーバーの真意については、あらためて考えてみなくてはなりませんが、まるでインターネットという自由な空間に生まれた「監視」の「檻」を想起させられ、なんとも複雑な思いがあります。

資本主義というシステムの中にあっては、常に全体の構造の変化に対して注意深くなければ、いつもある種の逆説が働いてしまうことを考えさせられます。

「感情労働」が増化する中、「善意」が「悪意」に変わる時

こうした人間の日々の営みが知らぬ間にデータとなって商品化される一方で、もっと直接的に人々の心を疲弊させる状況も静かに広がっているように思います。無意味でむしろ有害でし

かない空しい仕事を指す「ブルシット・ジョブ」という言葉も、2020年に亡くなった人類学者、デヴィッド・グレーバーによって広まりましたが、それ以前から〝感情労働〟という言葉も一部の人々の間で話題となり、静かに広がりを見せていました。顧客の満足を得るために感情をコントロール、常に模範的で適切な言葉・表情・態度での応対を求められる労働と定義され、肉体労働、頭脳労働に続く第3の労働形態として、接客業の研究を行ったアメリカの社会学者アーリー・ラッセル・ホックシールドが1970年代にすでに提唱していたものです。

ここまで読み進められたみなさんは、70年代と言えば、「疲労が世界的な課題になる」（ボードリヤール）と宣言された後のことで、資本主義の変化の中で必然的に生まれてきた問題と理解していただけると思います。当初は、旅客機の客室乗務員などの接客業、営業職、医療職、介護職、カウンセラー、オペレーターなど限定的な職場の問題だったわけですが、近年はあらゆる職種に広がる一方のように思われます。

現代の資本主義の見逃せない特徴として「感情の商品化」があることはすでに指摘しましたが、これは身近なところにも入り込んでくる厄介な要素です。たとえば、SNSなどでの交流の素朴な一場面でも、「いいね！」と思わなくても仕事の付き合いで応えなくてはいけない、顧客であれば反応しなくてはいけないという心理を働かせることになるなど、インターネット上で、その隠された感情の微細な部分まで消耗することになっていくとしたら、これも皮肉な話です。「プライベートなコミュニケーション」が、いつの間にか「仕事」になっていくわけです。これは些末な話のようですが、第4章で紹介したリースマンが名づけた「他人指向型」の現象が、急速に拡大していくような状況です。本心を隠し自分に自分でウソをつくような感覚とでも言うべきでしょうか。こうした一見些細なことが積み重なって、仕事と遊びも、集団への適応と個人の利害も、そもそも生産と消費などの概念もその境界があいまいになっていくわけです。すると、健全な自我、自分の核となる考え方を持っていない人は、いつもストレスや不安に晒されることになってしまう、ということにもなりかねません。

また、この「他者のまなざし」への恒常的な「配慮」「忖度」はネットワークの中で、不健全なムラ的な感覚、構造を生んでいきます。裏を返せば、〝仲間〟は同時に〝評価者〟であるという構造です。ネット社会、ネットによって生まれた「感情の商品化」による経済は、SNSなどもいつの間にか、少なからぬ人々にとって素朴な「友だち」を広げるというようなものではなくなり、ここでも、ケインズの〝美人投票〟さながらの無限の読み合いで、疲労と不安を生む場のようになってしまっているのではないでしょうか？　ネットによるコミュニケーションが定着した2010年代の後半、「評価経済」という、お互いに相手を「評価」することを、経済的な取引でも取り入れることについて賛否議論がありました。たとえば、SNSのフォロワーの数がそのままその人物の経済的「評価」に直結し、お金のやり取りを生むようなビジネスも話題になりましたが、特に日本社会の風土を視野に入れる時、これはとても難しい問題をはらんでいるように思います。

この国にあっては、「近代化」を目指すほどにむしろムラ的な共同体の論理が強まってしまう――。この皮肉な逆説は、日本社会に健全な民主主義を生むために考察を重ねた政治思想家・丸山眞男が、もはや古典である『日本の思想』で、戦後間もない頃からずっと主張し続けていたことです。中間共同体などの存在感が薄いこともあり、個が個として主体性を持って市民社会を形成することが苦手な集団文化のありようは、残念ながら現在も根深く残っているように思います。丸山が指摘した〝逆説の力学〟はいまだ強いものがあり、これもさらに皮肉なことに、最新のデジタル技術がそうした人々の心の底に巣食っていた感覚をむしろ引きずり出してしまったような感すらあります。現在でも、会社やプロジェクトなど人々が集団となって進む際の組織形成にあっても考えさせられる指摘ではないかと思います。

たとえば仕事を進める上でも精神的に良い作用をもたらしそうな「仲間意識」という感情でも、注意深くその発動の仕方について考えながら進めないと、むしろマイナスに働く可能性があるのです。「仲間」という言葉だけが表層で一人歩きすると、単に同一のアイデンティティばかりを強化して植え付けることになり、悪しき平等主義、観念だけが先立つ公平主義に囚われてしまう可能性もあります。「同じ社員なのに」という横並び意識が邪魔をして、多様な個性、多様な発想がむしろ阻害され、閉塞していってしまうのです。

これは組織外の他者と他者が出会う場においても、人が集団を作る際に注意しなくてはならない心理です。「シェア」という言葉に光が当たり、「シェアリング・エコノミー」など、「助け合い」で市場原理の欠陥を補おうとする試みも進んでいますが、最初の思いつきの時点の精神がいくら素晴らしいものであっても、風通しの良い健全な関係性を保つことができなければ、「仲間」の輪が強いほどに「除け者」を生んでしまうという逆説がつきまといかねません。「善意」が「悪意」に変わってしまう、市場というお金の論理、取引、契約などで関係性を生む場に、感情的なものを持ち込んだ時に起きる現象には、注意深くあらねばならないと思います。

ポスト産業資本主義が顕わにする〝心が揺れる〟資本主義の本質

カントの人間観察から見えるもの――自分を見失わない「道徳心」

第3章で触れた一連のデジタル資本主義の論理と、第4章の大衆社会化の要素が重なり合うようにして生み出されている現代の「感情の商品化」と、それに伴い人々を悩ませている心の問題に向き合うためには？　ここからしばらく、歴史上の哲学者や経済学の巨人たちの思想から現代に響く知恵を引き出してみましょう。

「感情の商品化」の中でどう心を保つか？　それには、第3章で登場したカントの考え方が、やはり一つの指針を示してくれるように思います。観念的と思われがちなカントですが、時に実践的な考え方のヒントを与えてくれるのです。少し長くなりますが、その飄々とした言い回しを丁寧に読んでいきましょう。

> 道徳性などというものは、人間がうぬぼれによっていやが上にも高められた想像力を逞しゅうして拵えあげた妄想の所産にすぎないとして、これを嘲笑する人達がある。この人達には、義務に関する諸概念は、いずれも経験から引き出されたに違いないということを（なお我々は、安易を好むところから、これらの概念ばかりでなくそのほかいっさいの概念も、やはりこういう仕方で成立したと思いこみがちである）、彼等に認めてやるのが、彼等にとっていちばん望ましい奉仕というものである、そうすれば我々は彼等を確実な勝利者に仕立てることができるからである。そこで私は、こういう人間愛の精神から、我々の行為の大部分はとにかく義務にかなっているということを認めよう。しかし**人間が努力、追求するところの行為を仔細に観察すると、我々はいつでも顕著な姿を現わすお気に入り**

の「自己」に、到るところで出くわすのである。これらの行為が**拠りどころとする当のものは、取りも直さずこの自己であって、義務の厳格な命令ではない。**義務の命令であれば、しばしば、自己否定を要求することもあるだろう。我々は、いったいいささかの偽りも含まない真正の徳などというものが、この世に存在するのだろうかという疑念を懐く瞬間がある（とりわけ年をとるにつれ、判断力が経験によって聡《さと》くなり、また鋭く観察できるようになると尚さらである）。しかし我々は、それだからといって徳を敵視する必要はない、**ただ徳を冷静に観察しさえすればよい**のである、つまり善を希うことがいかに切実であっても、この願望をそのまま現実と見なさぬことが必要なのである。

（『道徳形而上学原論』カント著　篠田英雄訳　太字引用者）

一般的に「道徳」と聞くと、杓子定規な「べき論」というか、押し付けられた善意のように感じて抵抗感を持つ人も少なくないと思います。しかし、この文脈にあっては、カントは、義務からではなく、「自己」から「道徳心」は生まれるというのです。そして、それは観察によって見出すことができるのだとも語ります。それは妄想だと笑う人々には、思いたいように思わせておけば良いという、ちょっとした皮肉もまじえたアドバイスです。

ここで大事なポイントは、観察から導き出される、人間の本源的な性質の中に織り込まれているもの、それが道徳心だとカントが考えようとしている点です。しかもそれは、「お気に入りの『自己』」と表現されているように、自分自身に対するプライドが少しでもあれば、自ずから成されるものだと言うわけです。全体の文脈を味わっていただければ、高邁《こうまい》な理想論によって徳を願うよりも、人々が自ずから持つ自らに対するささやかな誇り、自分を裏切りたくない感情を丁寧に他の人々も見届けていることのほうが、結局は社会を健全に機能させていくためには大事なことではないかという助言となっているのです。声高に、道徳や倫理が大事だと主張したり、ましてや命令をしてみたりしても効果はなく、むしろ言われたほうも反発するだけだろうという、カントの人間観察。「いったいいささかの偽りも含まない真正の徳などというものが、この世に存在するのだろうかという疑念を懐く瞬間がある」というのも、人生経験を重ねたエッセイストの知恵のようで、軽妙でありながら味わい深いところだと思います。明晰な論理の人というイメージがあるカントの思考が、観察という行為によって支えられているとさらりと告白している点も面白く、行間のところどころに人間臭い、ユーモラスな嫌味まで感じられるのも興味深い文章です。

実は、冗談やシャレも飛び出す楽しい講義で有名で、気さくでチャーミングな人柄だったと語られるカント。観察と思考を繰り返し、歩きながら考える人、カントの姿が目に浮かぶようです。「ケーニヒスベルクの時計」とまで言われていた規則正しい毎日の散歩で巷《ちまた》を歩き市井の人々の姿を目にする時、その観察眼は遺憾なく発揮され、まったく変わらないルートを同じ時間に歩いていても、日々新たな発見を楽しんでいたことでしょう。

第3章でも、絶対に侵してはならない「尊厳」についての言葉を引きましたが、その基底となる「道徳心」についても、命令などによる強要ではなく、人間がもともと持っている自然な性質において実現可能な概念として提唱していることが大事だと思います。形而上の世界と形而下の世界を、連続性の思考で、自在に往復すること。この柔軟な姿勢は、ポスト産業資本主義の時代に重要なベースとなる精神のスタンスではないでしょうか。

「虚構」によって動く「現実社会」——ケインズの警告「みな、月を見ているのだ」

さて、「尊厳」「道徳」と、現代の資本主義に向き合う時の自らの心の整え方、言わば精神の「免疫力」をどう養っていくか、無理して頑張ることなく日々のものの見方・考え方を養う方法を考えてみているわけですが、岩井克人さんがヒントをくれた貨幣をめぐる考察や、ケインズの思想からもそのエッセンスを学び、考えてみましょう。

無形資産が駆けめぐる時代ゆえの功罪、その光と影を考える時、あのケインズが示した「流動性選好」という概念には、とても重要な、現代の資本主義像をつかむための手がかりがあると思います。貨幣は単に市場での商品との交換の手段なのではなく、将来に使うための可能性をはらんでいる、そこに貨幣の重要な性質があるという指摘です。

仮に1万円の価値を持つ商品と1万円という貨幣があるとして、多くの人が1万円の貨幣のほうを欲しがるのは、そこに将来さまざまな商品との交換の可能性を見出すからです。このようないつでも交換が容易な性質を貨幣の「流動性」と呼び、この流動性と目の前の商品の交換手段とすることをいつも人々は天秤にかけていると、ケインズは考えたのです。

言われてみれば当たり前、子どもでも気づくようなことではないか、と思う方も多いかもしれませんが、このことの持つ意味を経済モデルの中に織り込まないと、状況を見誤りかねません。また貨幣という存在が、人々の心に与えている影響の深さもここに端を発していることを丁寧に考えてみる必要があるのです。

岩井さんは、このことから貨幣を所有しようとする行為自体がすでに「未来への投機」であるという言い方をしました。確かに「流動性」を選ぶことで、「未来への可能性」を欲望しているという捉え方ができますね。その意味においては、たとえばインフレになり、貨幣の価値が相対的に下がるような状況になったら、その分、人々は「未来の可能性」より「現在の交換価値」を重視するということになるわけです。ここに、中央銀行などが利子率によって、景気をコントロールしようとする根拠もあるわけですね。

このようにケインズが見出した貨幣が持つ「流動性選好」という性質を思想的に突き詰めて

【図13】資本主義の不安定性を表す三角錐

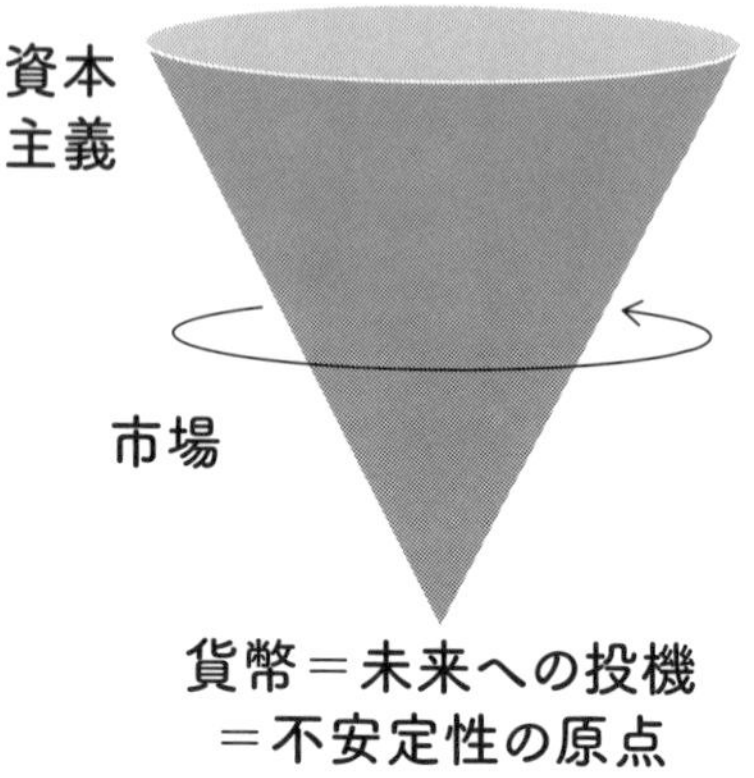

いくならば、貨幣は、常に現在と未来の交換の狭間で揺れる、不安定な性質を持っていることになります。人々の将来への不安、期待などに大きく影響される存在であることがあらためて実感できるでしょう。不安定性を抱え込んでいる貨幣を中心に回る市場もまた不安定であり、だからこそ貨幣を媒介する市場によって動いている資本主義そのものにも本源的な不安定性があることが理解できるのではないでしょうか。こうした構造をイメージで僕なりに表現してみたのが、貨幣を中心に、市場システム、資本主義の原理を乗せて回る三角錐のコマ、です。（図13）そこに政府が財政政策などで介入しながら、有効需要という形で雇用を増やしアンバランスを解消し、コマがまわり続けるようにするのが、いわゆるケインズ主義のポイントというわけです。

　ちなみにその意味では、ケインズは人々の心の動き、将来不安などを見て取って、それに対してバランスよく介入する必要性を説いていたわけで、常に財政政策をしていれば良いと言ったわけではないことは第4章でお話しした通りです。むしろシステマティックになり過ぎてしまい、条件反射のように政策を繰り出す硬直化した思考に対して否定的でした。「科学」という意味を普遍的な正解を導く唯一の方法であるかのように狭く捉え、経済を「自然」現象のように捉えようとする人々に向け、次のような言葉を残していたことを思い出す必要があります。

経済学は本質的にモラル・サイエンスの一つであり、自然科学の一つではありません。すなわち、経済学は内省と価値判断とを駆使するのです。（中略）経済学は動機、期待、そして心理的不確実性を取り扱うと付け加えておけばよかったでしょう。

（『ケインズ全集14　一般理論とその後　第Ⅱ部　弁護と発展』ケインズ著　清水啓典・柿原和夫・細谷圭訳）

経済を理解する上で、いかに多くの人々の心を想像することが、同時に自らの心の内を省みることが大事か、ケインズは常に考えていたのです。そしてそこには、いつも、皮肉なねじれが生まれることを直感的に理解していました。こうした思想の延長線上に、貨幣を求める人々の欲望を表現する際に、貨幣を月にたとえ「みな、月を見ているのだ」という言葉も残しています。

太陽の光を浴びて輝き、自らは光を放っているわけではない月。その光という幻影を人々は追いかけ、そのことで回る経済。事態の本質を突いた、面白い表現だと思います。「幻想の貨幣愛」が資本主義を動かす原動力になっている、その中心にある貨幣という存在は、実は、ある種の虚像なのです。そしてここでさらに大事なのは、だからと言って、太陽の光という実際のモノ、商品などだけが大事だと考えたわけではないこと、この月という幻影を追いかける人々の性質も受けとめて、バランスよく運営していくことこそが重要だと考えていたことです。太陽も月も、人々の心に安心を与え、自由を与え、社会を動かしていくには、資本主義を動かしていくには、どちらも重要なのです。

虚像を追いかけることで、システムが動いている。そのパラドックスに社会の安定的な維持を見たケインズの洞察は、人と社会の間にある、皮肉かつ重層的な関係性へのまなざしが土台となっています。想像力を持つ人間は、リアルなものだけでなく、月のような貨幣というフィクション＝夢にも頼る存在なのだと見通したところに、ケインズの慧眼《けいがん》があったと言っても良いでしょう。

そして、虚像によって実体のほうが回っているという逆説は、まさに無形資産のような形なき資本が経済を動かしている現代の資本主義において、さらに示唆的な意味を増し、重要な視点を僕らにもたらしてくれるのではないかと思います。ここで学ぶべきは、太陽と月、リアルとフィクションを同時に視野に入れる複眼的な思考、バランスのセンスだと言えるでしょう。

「製作本能」を重視せず営利ばかりを求める企業は敗北する

ケインズの虚実を視野に収めるバランス感覚に学び、社会と人々の心の関係性をあらためて捉え直そうとする時、人間が抱える矛盾に満ちた性質というものは、いつの時代も変わらないのではないかと思えてきます。現実と夢、有形と無形、アナログとデジタル……、相反する要素を追い求めつつ社会を駆動させている現代において、人間の欲望をめぐる性は、むしろ剥き出しになってきているのかもしれません。

こうした文脈にあっては、かつて19世紀末から20世紀にかけて、大衆社会化の大きな潮流の中でそうした人間の性の深部を鋭くえぐり出したソースタイン・ヴェブレンの思想にも光を与えなくてはなりません。そうです、第4章で「衒示的消費」、すなわち「見せびらかしの消費」という概念を提示したことで、「異端」の巨人として多くの人々に知られていると紹介した経済学者であり、社会学者です。ヴェブレンは、いわゆる需要曲線・供給曲線という近代経済学のベースとなる図式の中には収まりきれない経済行動への直感を学問化した人と言えるでしょう。

ヴェブレンの洞察は、人々の行動原理だけでなく、同時に企業が主導権を持つ時代の資本主義の論理についても、見通していました。彼は『企業の理論』という書の中で、企業が持つ

good -will という概念の重要性を強調しています。「のれん」と翻訳されることが多い言葉ですが、そうした企業イメージやブランド性まで含めた伝統的な権益が、実態以上に強大な威力を発揮する時代に資本主義が突入していくことを語っています。ヴェブレンによる「のれん」の定義は、

確立された慣習的業務関係、正直な取引の評判、営業権や特権、商標、銘柄、特許権、版権、法律や秘密によってまもられている特殊工程の排他的な使用、特定の原料資源の排他的な支配

(『企業の理論』T．ヴェブレン　小原敬士訳)

などで、まさにこの「のれん」は、本書で語ってきた「無形資産」と多くの点で重なります。各企業が持っている価値は、単に数字で測れる売り上げなどの実績だけにとどまらず、ブランド性や影響力など、「無形資産」としての価値が決め手になっていくことを、「のれん」という言葉に集約させたのです。20世紀初頭、１００年以上前に、ヴェブレンは、集団が持つ人々の心理から、企業体という組織についても鋭利な分析を行っています。さらに興味深いのは、自らの営利を第一義とするような大企業が、将来への不安から必要以上に資本をためこんでしまう現象などについても言及しています。ここ数年よく話題になる企業の「内部留保」の問題が、

企業規模が大きくなるにつれて自ずから生まれていくことを、経営者たちの心理から推測したとも言えるでしょう。ヴェブレンの思想には、ケインズの警告と並んで、人間への深い理解と今日の〝形なき資本による資本主義〟における市場の不均衡を洞察する視点があります。

企業状況の支配の方向に作用する産業的財産の保有物のなかで、無形資産（普通株、のれん、その他によって代表される）が主として重要な意味をもつ。（中略）産業の物的過程は、その関心が、非物質的資産の価値の増加に集中しているようなひとびとの支配のもとに立つ。

（同書）

「無形資産」という形のないものが経済の鍵を握り、その最大化を目指す企業の論理が、もの作りの論理以上に威力を持ち始めることを指摘しています。その上で、企業組織のマネジメントの論理が現場のリアルから離れて一人歩きを始めることについて、こんな警告を発しています。

このように事業の支配が、職人的な効率から、また、産業設備との直接の接触もしくはその所有関係から、切り離されていることは、現在の状況に、封建制度にたいする表面的な類似性をあたえる。というのは、それは、封建領主によって支配されている社会の日常生活や利害にたいする領主の結び付きの非物質的な性質に近似しているからである。（同書）

奇しくも、巨大プラットフォーマー、ビッグテック主導で生まれたポスト産業資本主義が歪な格差を生み、固定化させてしまうことを予言していたかのような、ヴェブレンの洞察。近代的なはずの会社経営が、その経営の姿勢において現場の状況、論理から遊離してしまえば、「封建制度にたいする表面的な類似性」が生まれるとまで表現しています。近代の技術開発の粋が中世の封建制を連れ戻してくるという現象も、なんとも皮肉なものだと思いますが、ここ数年さまざまな形で指摘されているシリコンバレーの自由な風の衰退、格差の固定化などを想起してしまいます。

ヴェブレンは、言わば〝経営と現場の乖離〟によって生まれる利潤最大化のみへと向かう企業の論理が、会社組織のあり方を歪め、さらに社会の構造まで硬直化させていくことを指摘していたと言えそうです。

企業者は、ほかのひとと同じく、有用性の理想とか、同胞の生活方法を安易にしようとする希望によって動かされる。かれは、ほかのひとと同じく、製作本能（the instinct of workmanship）のようなものをもっている。もちろん、そのような希望は、ほかの多くの人に比べて、大企業者をつよく動かすことはない。ほかのひとは、このような理想によって動かされるために、実業界であまり成功していないのである。（同書）

ヴェブレンの思想の中心にあったinstinct of workmanshipは製作本能などと訳されます。それは、人間の本源的な性質であり、生きることとほとんど同じ意味を持つとまで言える、瑞々《みずみず》しい生命力に満ちた概念です。「つくること」「生み出す本能」こそが人間の本質として誰しもに宿っていると考えていたのです。その上で、営利だけを追い求める企業の論理は、人間が本来持つ性質とは根本的に対立するとしたヴェブレンは、主著『企業の理論』の最終章で、こんな未来予測の言葉を呟いています。

企業界によって絶えず促進される積極的政策や貴族的理想が、どしどしつくり出されるかぎり、その論理的帰結は、近代をそれ以前の時代から区別するような文化的様相の減退ということである。そのなかには、営利企業それ自体の衰退がふくまれている。（中略）営利企業は結局は敗北の運命をもっている。（同書）

なにか、ここにもウェーバーの「鉄の檻」を思い出させるような、皮肉な結末が暗示されているのです。

さて、こうして、カントに柔軟な精神の構えを、ケインズに複眼的な視点を、そしてヴェブレンにシステムが招く構造的な罠を認識することを学んでみたわけですが、ビジネスにおけるワークライフバランスやウェルビーイングという文脈でよくビジネス書にも登場するマズローの欲求五段階説についても、その本質をあらためて考えてみましょう。現代の資本主義に向き合うための大きなヒントがそこにもあります。

「近代経済学」を脱構築する認識の冒険

マズローの欲求五段階説「自己実現」の真意は?

第1章で触れたように、「マズローの欲求五段階説」に基づくように、資本主義の発展、高度化は、多くの人々に五つの階層のピラミッドを登らせてきたかのようでした。社会状況の変化とともに、一「生理的欲求」二「安全の欲求」三「社会的欲求」そして四「承認欲求」、さらに五「自己実現の欲求」という段階です。「マズローの欲求五段階説」は、アメリカ心理学会の会長も務めた大家、アブラハム・マズローの名前とともに日本のビジネスパーソンたちに馴染み深いものだと思います。

ひとまず概観するなら、動物でもある人間は、まずは生存に必要な欲求を求め、さらに身の安全を確保し、集団への帰属などを欲し、いよいよ文明社会の中で生きていく欲求へ、さらには自分らしさを発揮したい思いへと移っていく、という流れと理解できるでしょう。常識に照らしても、なるほど、そんな順序だろうと多くの人々が納得するストーリーだと思います。国を越え文化を超え、多くの人々が実感する物語となっていったのもよくわかる気がします。

その中で非常に興味深いのは、その五段階目、最後に現れる「自己実現」という段階です。マズロー自身多くの言葉を費やしているのですが、その言葉を丁寧に辿っていくと、一般のビジネスシーンなどで語られているものとは異なるイメージがあふれ出してくるのです。実際の定義を読んでみてください。次に語られる「そのような人」とは、「自己実現」を成就した人々のことを指しています。

そのような人々にとっては、いかなる日没でも最初に見たのと同じように美しく、百万本の花を見た後でさえも、どんな花でもあっと驚くほど愛らしいのであろう。千番目に見る赤ん坊でも、彼にとっては最初に見た赤ん坊と同じように不思議な生き物なのである。

（中略）もちろん、彼らが常にこのような激烈な感情にとらわれているわけではない。それは、いつもというよりは、時折のことで、思わぬ時にそのような感情になるのである。たとえば、渡し舟で一〇回川を渡った人が、一一回目の乗船の時に、初めて彼が渡し舟に乗った時と同じ感情、美的印象、興奮が再現するのを感じることもあるであろう。

（『［改訂新版］人間性の心理学　モチベーションとパーソナリティ』A.H.マズロー著　小口忠彦訳）

素朴な表現で端的にまとめるならば、何気ない日常の中に、日々常に新鮮な喜びを見出せる感覚、ということになるでしょうか。瑞々しい感性を失うことなく、あらゆる事象との遭遇を楽しめる精神の状態が表現されているのです。こうした表現に接する限り、マズロー自身によって語られる「自己実現」、それは野心的なビジネスパーソンによる野望の実現でもなければ、教条的に倫理を説く活動家による楽園完成の夢などでもありません。華やかな「社会的成功」「社会的達成」などとはまったく異なる心の状態であると言えるでしょう。この「自己実現」の欲求の充足の段階に至っては、マズローは次々に豊かな文学的なレトリックを繰り広げて、童話作家か物語作家のように、楽し気に言葉を連ねている趣きがあります。

彼らは彼ら自身の人間性を、すべての欠点を認め、理想の姿とは食い違っていることを承知しながらも、そんなに心配せずに、禁欲主義者のような態度で受け入れることができる。彼らが自己満足をしているというと語弊があるであろう。むしろ彼らは、人間性の脆さや罪深さや弱さ、邪悪さを、あたかも自然を自然のままに無条件に受け入れるのと同じ精神で受け入れることができるのだと言わなければならない。誰も、水が湿っているからとか、岩が固いからとか、また木々が緑だからといって、文句を言ったりはしない。子どもが偏りや批判のない無邪気な目で世界を眺め、事実をありのままに観察し、いたずらに論じたり、別のものであればと願ったりすることがないように、自己実現的人間も自分自身や他の人々の人間性を、そのまま受け止めるのである。（同書）

いかがでしょうか？　「自己実現」を達成した人とは、すべてをありのままに受け入れ、その状況を楽しめる境地に至った人の姿が素直に思い浮かびます。どんな状況にあっても常に虚心坦懐、明鏡止水とも言うべき心の状態であるイメージが湧いてくるのです。自らの心の底で本来求めていた、無我のような境地こそ欲望の最終形であることに拍子抜けするとともに、感慨深い面白さと何か清々しいものを感じます。

その意味では、マズローには「禁欲主義者のような」と表現されていますが、僕はこの文脈では、むしろエピキュリアン＝快楽主義者を連想しました。古代ギリシャの哲学者エピクロスが説いた思想、その哲学の主たる目的は、心の平安を得ることを求めるものであり、自然学に基礎を置くことで欲望や激情から生まれる乱れた想念や、死の不安、さらに死後の懲罰という迷信からも人間を解放しようとするものだったのです。どうも日本語で「快楽主義者」と訳してしまうと誤ったイメージを生んでしまいますが、その原点の意味は、穏やかな凪《なぎ》の海が広がるような心の状態を指していたことをあらためて味わいたいのです。

ちなみにマルクスが世に出した最初の文章は、『デモクリトスの自然哲学とエピクロスの自然哲学の差異』という論文で、ここでマルクスは、万物の根源の最小単位＝原子と考えたデモクリトスの客観的な自然観より、デモクリトス派に学びつつも独自の解釈で新たな哲学を生んだエピクロスを評価しています。精神を持った人間という主体が、自然と結ぶ関係性の中に見出す「快」の感覚の可能性に若き日のマルクスも賭けていたのです。

その思想の可能性を「経済」的な問題意識として解釈するなら、デモクリトスの心が介在しようがない物理的な自然観を超えて、人間の精神が自然に働きかける中で揺らぎを伴って生まれる、「自然成長性」とも言うべき概念も引き出せるように思います。豊かな偶然性を楽しみ、そこに生まれる、人間と自然との伸びやかな関係性から「自然」に生まれる「成長」を慈《いつく》しむ精神であり、それは「理想」や「成長」を強迫観念としてしまう「成長至上」の硬直化した思考とは縁遠いものと言えるでしょう。

「自己実現」という最終的な欲望の形にあってマズローが重視したのは、囚われのない柔らかな心のありようであることは確かです。こうした柔軟な原初の心が、成長、競争、利潤など、一般的な経済の議論や価値観に巻き込まれていく中で失われていくことに、あらためて意識的でありたいと思います。

そして実は、その前段階に位置する第四段階の「承認欲求」も、自らの存在の不安から他者に認められたい欲望などとはかなりニュアンスが異なり、自らの価値を自ら決めることができる、健全な自尊心がその礎《いしずえ》になっていることも付け加えておきましょう。自分の価値を自分で決める自信を持てた上でこそ、自由な境地で心を解放できるのです。

自己実現とは「無為自然」？「万物斉同」？

そうした境地を獲得するために忘れてはいけない大事な助言を、マズローは残しています。そして、自己実現という、子どものように柔軟で伸びやかな、豊かな心の境地へと至るのを妨げるのは、人間の持つ、ある思考の癖のようなものだと指摘するのです。

いわゆる経験の陳腐さというものは、おそらく、豊かな知覚をそれが有益でも有用でも脅威でもなく、また、自分とも関係がないということがわかると、あるカテゴリーや題目の中に押し入れ、レッテルをはってしまう結果であると考えられるからである。（同書）

経験や慣れによって、日々の新鮮さや喜びを忘れてしまいがちな人間の性を見つめた上で、カテゴリー、レッテル貼りで「効率的」な整理によって「処理」を急ぐ思考から日々逃れられない現代人への警告とも言えるのではないでしょうか？

現代のビジネスパーソンは、日々、「分かる」ために「分ける」作業の連続の中を生きています。さまざまな分析ツールを使うことに価値があり、そのスピードが優秀さの証であるかの如く語られることも多いでしょう。「分ける」ことで情報を生む方法論が全盛の時代に生きているのですから、これも当然と言えば当然です。

しかし「分ける」ことは、部分での分析を可能にしますが、ともすれば同時に、その全貌や本質を見えなくさせることでもあるのです。「分ける」「カテゴリー化する」「レッテルを貼る」ことが心の自由自在さを奪っていくこともあります。

実際、今僕自身が向かっているディスプレイの向こうで作動するコンピューターが、「分ける」作業を代わってくれるありがたい相棒であることも間違いありませんが、この情報処理のツールとして便利なデジタル機器は、常にある種の「平準化」をもたらすことについても自覚したほうが良いでしょう。多くの人と瞬時に情報を共有し、「分かる」を広げる利便性と引き換えに、思い思いの表現で、独創的な関係性の描き方の可能性が制限される危うさもそこにはあります。形式は形式として付き合い、その明瞭な情報性を共有するのはもちろん大事ですが、そこで、自由な心の発露、創造性の全開のためにはむしろ障害となる、実は目的と手段の転倒が時に生まれてしまうのです。まるでエクセル表の隙間を埋めること「自体」が、パワーポイントの作法に則ってきれいなプレゼン文書を作ること「自体」が目的化してしまう瞬間に、ある種の空しさに囚われる、と言ったら言い過ぎでしょうか？　日々、パソコンに向かいデジタルな作業を行い続けることで人々の心にいつの間にか蓄積されている疲れの正体はこんなところにもあるように思います。0と1の論理によるデジタル技術の形式化が、人の心の自由さを時に蝕むのです。

安易に「分ける」ことへの危険性を考え続けたマズローはこう記しています。

たとえば、昔からの問題である情緒と知能、理性と本能、また、認知と動機の対立はそれらが敵対物というよりは協働作用をしている健康な人にあっては、消滅するのが見られた。健康な人は、対立するものを同じものだと言い、同じ結論を示すと考えるので、それらの間の葛藤は消えてしまうのである。一言で言えば、これらの人々においては、欲求と理性

はすばらしい調和状態にあるのである。（中略）
原則として、あらゆる行為は利己的であり、同時に利己的でないので、健康な人においては利己的であることと利己的でないことの二分性はまったく消え失せてしまう。（同書）

語られているのは、「分ける」ことによって生まれた対極の概念を突き詰めていく過程の楽しさと、それらが同じく感じられてくる瞬間の喜びです。そこに至って、「利己的であることと利己的でないことの二分性」が消えるように、自己のありようも解放され、葛藤が消え調和が訪れるというわけです。この「二分性」の消失は、それ自体を意図しているわけではなくとも、「分かる」「分ける」ことにこだわらないことによって自ずから生じるものです。21世紀に入って以降、特に顕著になったネットを介在させたコミュニケーションと仕事の進め方の中で、多くの人々の精神は疲れ、硬直化していますが、皮肉なことに、デジタルの論理、システムに律儀に適応しようする人が増えるほどに、マズローが描いた「自己実現」からは遠のいていくように見えます。

こうしたマズローの思想の本質を探究していくと、一見遠い世界の思想との親和性がそこに見えてきます。二千年以上の時の流れの中で伝えられてきた東洋の叡智、老荘思想です。資本主義に深く関わる欲望の最終段階の達成に、極めて東洋的な老子の「無為自然」の思想や、荘子の「万物斉同」の世界観と共振するものが感じられることに、なんとも複雑な感慨を覚えます。「無為自然」とは、作為が無く、宇宙のあり方に従い、自然のままであることで、ことさらに知や欲を働かせずに、自然に生きることを良しとする老子の思想の原点、また「万物斉同」は、「道《タオ》」の絶対性のもとでは、現実世界における万物の多様性や価値観の相違などのあらゆる相違が意味を持たない状態を指し、「道」と一体となることで、個は個としての価値を持ち、何者にも囚われない境地に到達できるという荘子の思想の中核となる概念です。

実際、荘子や老子を読んでいくと、「分ける」ことによって自縄自縛となり、二元論の囚われとなることの滑稽さが、繰り返し、さまざまな説話によって語られています。「分かる」ことに夢中になって、自らが「分ける」ことに囚われ、その結果、自分で作った認識の壁で悩みを生んでしまうことの愚かさへの柔らかな警告が発せられているのです。

確かに、そもそもONとOFF、生産と消費、仕事と余暇などの二分法に囚われ過ぎた思考が、時にさまざまな迷走を起こすことを僕らは日常的に経験しているのではないでしょうか？仕事と余暇など、こうした二元論で絶対的に対立する概念であるかのように「分ける」段階から、個人の生活にとって、仕事は短い方が良い、余暇は多い方が良いという考えを杓子定規に植え付けてしまうようなものです。「あちら立てればこちらが立たず」のような状態を「経済学」ではトレード・オフという概念で説明しますが、すべてを両立できない関係性と思い込んでしまい、便宜的に整理のために分けた前提によって自らジレンマに陥り、固定観念に囚われてしまうことこそ避けるべきです。
労働者の解放を叫んだ、あのマルクスの労働観を覗いてみましょう。

人間はおのれの全面的存在を全面的に——つまり、全体的人間として——わがものとするのだ。世界にたいする人間的な関係の一つ一つが、つまり、見る、聞く、嗅ぐ、味わう、感じる、考える、直観する、感じとる、意志する、活動する、愛する、等々が、要するに、(形の上で直接に共同性を示す器官を含めて)人間の個性的な器官のすべてが、対象としてのあらわれかたや対象とのかかわりにおいて、対象をわがものとする働きなのだ。

(『経済学・哲学草稿』マルクス著　長谷川宏訳)

仕事とは、人間の感覚器官一つ一つが目覚めるように作動する過程の中にあり、その感受性を解放していく喜びの中にあることを示す文章です。自然に向き合い、創造物を生み出す、人間の中に埋め込まれている喜び。ヴェブレンの「製作本能」もこうした感覚につながるものと言えるのかもしれません。
マルクスは、社会と人間の関係についてもこんなことを言っています。

なによりも避けなければならないのは、「社会」を抽象体ととらえて個人と対立させることだ。個人は社会的存在なのだ。だから、個人の生命の発現は、他人とともになされる共同の生命の発現という形を直接に取ってはいなくても、社会的生命の発現であり証明である。人間の個人的生活と類的生活は別々のものではない。（同書）

個人の中に生まれる感覚、問題意識と社会の課題には連続性があるのです。逆に言えば、連続性が見出せないような問題は、本質的とは言えないということでしょう。現代社会では、ともすれば、「社会」というものを「個人」と切り離し、抽象化させて考える「転倒」がしばしば起きます。「利他」「多様性」「パーパス」など、もちろん社会にとって大事な概念を発見し対話のきっかけを生むのは大事なことですが、荘子の言葉ではありませんが、ある概念を生んだことで逆に囚われしまい、「ためにためする議論」に埋没してしまうとしたら、それは滑稽なことです。

言葉が現実を規定する——。第3章で触れた、ソシュールの言語学の構図を思い出された方もいるのではないでしょうか？

さて、マズローにせよ、マルクスにせよ、こうして遺された言葉を丁寧に味わおうとすると、多様なエネルギーに満ち溢れ、さまざまな要素が渾然一体となっているこの世界の生命力を全身で受けとめる喜びがそこに表現されていることに、新鮮さを感じます。そして、それらの言葉の意味するところを深く感知しようとするほどに、東洋思想の叡智としての老荘思想のエッセンスが共振するように重なり合っていくことも、人とこの社会の数奇さを表しているように思えます。

いかなる時も、どのように伸びやかな精神と思考を保ち、瑞々しい感受性を維持するか？錯綜し不透明感をもたらす現代の資本主義と付き合わなければならないからこそ、こうしたセンスを呼び起こすことが大事になるのも、面白い逆説と感じます。

西欧的「近代」が揺れる時代――自然と人間を問い二律背反を超える？ZEN資本主義

産業革命、それに続く20世紀の大規模な産業化、大衆消費社会の成立……、工業化社会から脱工業化社会へ、有形資産から無形資産の時代へと移り変わる中で、大きく変化して来た社会の形、人々の心のありよう。「近代経済学」という学問の世界にあっても、ある時代に素朴に謳われていた「希少資源の最適配分を科学する」という定義や目的だけでは対応できない時代が訪れています。無形資産が駆けめぐり、差異が差異を生み、そこに多くの記号的な消費を見出す21世紀以降の時代。「近代経済学」と冠された、その「近代」という枠組み、西欧的な

「近代」の理念自体も揺れているように思われるからです。

そもそも西洋の哲学を礎とする思想は、古代ギリシャのプラトン以来、二元論と呼ばれる構図によって、さまざまな事象の説明が試みられてきました。悟性と感性、精神と物質など、二つの対立する原理で捉えることでこの世界を分析するものの見方ですが、そうした見方の延長線上に、human＝人間 vs. nature＝自然という構図も生まれました。すなわち、人間と自然とを異なる存在として対峙させ、その枠組みを前提に考えようというわけです。「近代経済学」においてもこの図式の下に、人間が自然をコントロールし、いかに社会に役立つ資源を生み出すかという発想が、絶えずベースにあったと言えそうです。その思考の先に、「自然科学」の発展もあったのです。

これに対して、東洋思想に代表されるような非西洋の土壌、文化風土にあっては、自然と人間が混在し、人間もまた自然の一部であるという感覚がベースを成してきました。西欧的な考え方が浸透した現代にあっても、あえて二項対立的に人間と自然とを切り分けない感覚が、まだ実は深いところに残り続けているように思います。

二元論的な思考の枠組みは、西洋思想全体を基礎づける強固なものでした。人間とは何か、存在とは何かなどの問いの多くは、いつもこの二元論の土台の上になされてきたのです。その軌跡を追えば、主流の二元論的思考に対して時にニーチェなどの思想家が揺さぶりをかけ、19

世紀末から20世紀にかけてその転倒を試みたことなどもありましたが、少なくとも当時は異端の扱いは免れなかったように思います。ようやく1960年代以降、文化人類学者クロード・レヴィ＝ストロースによる近代主義的な論理の前提への疑問が注目を浴び始め、西欧の文化的な優位を相対化する流れが生まれ、さらにその後、70年代に入り「成長の限界」が西側諸国で叫ばれるようになって、壮大な模索の時代に入ったと言っても良いでしょう。つまり、「ヒューマンvs.ネイチャー」という構図そのものを今一度疑い、問い直すきっかけが生まれたわけです。

こうした思想の潮流を、「経済」という領域に引きつけて考えてみるならば、計画性という作為と、自然という無作為の狭間で、僕らはどう行動するべきか？ どう生きるべきか？ という問いにも重なるのかもしれません。その答えは、「成長至上主義」でもなければ、近年注目された「脱成長」とも異なるように思います。エピクロスの思想に関連して先にお話しした個々の主体性を尊重し、人々が無理をすることなく生まれる「自然成長性」へとつながっていく、ゆるやかな関係性を大事にする考え方のように思います。

「人間vs.自然」という西洋近代の論理に基づき、その多くは自然を征服するための科学技術の発展という構図で、工業化の道を突き進んできた成果の上に現代社会があることはもちろん確かです。しかし今、それら有形の自然、物の経済からも乖離して、無形のアイデアや想像力など「夢」の世界での競争の中で「成長」を求めるという段階にあっては、発想の転換が必要です。これまでの「近代経済学」的な論理、GDPなどに象徴されるような数字を追いかけ帳尻を合わせようとする考え方自体の限界が明らかになってきているのではないでしょうか。

いつも可能性と限界は背中合わせです。「現実」と「夢」、「有形資産」と「無形資産」的なるものとのバランスをどうとっていくべきなのか、という問いもそこに生まれます。その時、第3章の最後で触れた、「禅的なるもの」「禅的な思考」が、二元論的思考だけに陥らないために重要になるだろうと思うのです。利潤を最大化する経済論理とともに「足るを知る」精神を共存させるようなセンスが、あらためて求められているように思えます。それは、矛盾するような世界観のぶつかり合い、引き裂かれる中から、第三の視点を持つことによって道を開いていく発想、思考です。そして、その視点は、現実の変化を深く観察するとともに、さまざまな概念の原点に立ち返りながら考えることによって生まれるはずです。

DXの原点の意義は？　第三の道を探し続けるZEN的思考

一つ具体的な例を挙げましょう。近年、コロナ禍の中で、DXブームが沸き起こりました。トレンドに乗り遅れまいと、多くの経営者たちに難局を打開する呪文のように叫ばれ、現在はすっかり定着した言葉です。多くのみなさんがご存じだと思いますが、ではあらためて、DX

とは何か？　あなたならどう定義しますか？

　DX＝デジタルトランスフォーメーションとは、データやデジタル技術を活用して、ビジネスや組織、製品、サービス、業務プロセスなどを変革し、競争力を高めること……、そうお答えになるかもしれません。確かにおっしゃる通りです。それこそ、ギャロウェイが言うところの「神」である、Googleで検索したなら、すぐに今書き記したような「答え」が出てくることでしょう。その定義で、困ることもなく、社会人の常識としては優秀ということになるのかもしれません、ひとまずは。

　しかし、もともとのDXに込められた理念は、単に「競争力を高める」というようなものではありません。原典の論文に当たってみましょう。2004年、DXという概念を初めて世に知らしめたと言われる、当時スウェーデンのウメオ大学に在籍していたアメリカの情報学者であるエリック・ストルターマンによる定義には、こんな文章が登場します。

> 情報技術を無批判に受け入れることに対して、批判的な立場に基づく研究姿勢を提案する（中略）デジタルトランスフォーメーションの概念と方法論的アプローチの基礎となる美的経験という考え方を提案する
>
> （INFORMATION TECHNOLOGY AND THE GOOD LIFE

Erik Stolterman Anna Croon Fors Umeå University 引用者訳）

世をあげてのＤＸブームにあっては、利益を上げるためになんでも使えるものは使えと言わんばかりの論調がありましたが、その発想者の原点には、テクノロジーの無自覚な乱用に対する、むしろ警告があるのです。そして、もっと大事なことは、そのベースには、美的経験を重視する哲学があるということです。さらに言えば、会社単位の競争で利益を上げることを目指す以前に、社会全体の向上に向けた理念が語られています。誰もが参加できる美しい調和の精神を実現するツールとして論じられているＤＸを、単に効率性、生産性の議論と結びつけてしまっては本末転倒になりかねません。

表層の理解であわてて走り出してしまうことなく、新たな概念に出合った時も、原点の定義を確認し味わい想像力を働かせることです。そして、それをある文脈において用いる時に、どのような影響がありうるか？　そのシステムの中で利点となり得るものがあっても、そこに生まれる余波はどのようなものがありうるのか？　そして自分の価値観に照らし合わせて、そこにどのような意義を見出すことができるのか？　総体として考えることも大事になると思います。

その時、常に第三の道を切り拓いていくセンスが重要になるのだと思います。いたずらに成果を急ぐのではなく、新たな概念に対して、それが生まれた文脈、価値観、存在意義などを吟味することです。変化に適応しながら、同時に原点の意義を大切に、そこに連続性をもたらす思考を育むことで、自ずから第三の道が生まれます。たとえば、本書でも繰り返し示唆してきたように、交換価値と使用価値のどちらか一方のみで世界を捉えるのではない、分離された思考に陥らないあり方、二項対立の罠から逃れる、一種のZEN資本主義とでも呼べるような思考法が大事になると思います。実際の宗教の禅宗と直接関係があるものではありませんが、もはや世界にも広がったZENという概念を、一見水と油のような交わらない概念の対立の中で、バランスある解を出せるセンス、思考法の象徴として、ここに提示したいと思います。

経済は時代の物語である 想像力のフィールドが商品化の戦場となる時

「個人」と「社会」その狭間にある欲望を見据えて

市場における人間の捉え方についても、これまでの「近代経済学」が前提としてきた「ホモ・エコノミクス」=経済人という概念自体、吟味してみなくてはならない時であることに辿り着きます。ホモ・エコノミクスとは、自己の経済的な利益を最大化させることのみを基準として行動する人間像を指すのですが、原点に立ち返り、どう「個人」や「社会」というものを定義し想定すべきか、丁寧に再考するべき時が来ているのかもしれません。行動経済学のアプローチなど、無人島に漂流した人間の生き残りを懸けた行動の比喩としての「ロビンソン・クルーソー」をモデルとするような理論からの脱却がさまざまな形で試みられていますが、もっと大きな枠組みで人間存在を捉え直す思想や、また経済行為というもの自体を再定義するような探究も進められて良いように思います。

個々の欲望の総体が社会であるという原子論的な見方ばかりではなく、むしろ社会が個々の欲望を生み、時代の欲望の形を規定するという視点からの考察が必要になってきます。前者の見方によって発展を生んできたのが、「自然主義」全盛、科学的、物質的な成果に基礎を置く工業化社会だったとするならば、これからの時代状況にあっては後者の見方にも光を当てなくてはならないのではないでしょうか？　ヴェブレンが先駆者であるような、人が織り成す集団の中に生まれる関係性、変形していく欲望の形を直観的に見抜く思考の重要性などが高まってきています。人々の無意識レベルの問題へのアプローチ、さらに人間、欲望と社会の関係性などをつぶさに観察することから、人間観、社会観を更新していく時代に入っていると言って良いでしょう。ジラール、クラインなど、心理学、精神分析の見方についても少し触れましたが、そもそも「経済」行為、「経済」現象というものをどう捉えるべきか？　社会、国家、個人、世界……さまざまなフレームの中でどう捉え直していくのか？　壮大な問いへとつながります。

実証的な研究者の方々には妄想のフィクションと一笑に付されるかもしれません。しかし、奇しくもその「フィクション」という言葉になぞらえれば、僕らの経済システム、そして文化体系自体が、実は壮大なフィクションだと捉えることもできるところにダイナミズムがあるのです。リースマン／フロムの「社会的性格」が象徴するように、時代の物語に染まることで、人は働き方を、生き方を決めていきます。そしてその時、面白いのはそのフィクションで動かされる人々の欲望によって、現在の社会環境、社会の構造も形を変えていくということです。本能でただ生きのびるためだけに行動することではこの社会は回らないでしょうし、同時にこの文化コードを、世代を超えて伝承していくこともできなかったでしょう。時代が求めるフィクションがいつもそこに生まれてきた結果、今があるのだと思います。

ある時代は人々の社会の見方、ものの見方に大きな影響を与えます。第2章でお話しした通り、『国富論』に端を発した現代の経済学、それが世に出たのは1776年アメリカ独立の年のこと。アダム・スミスはそうした時代状況の中で、植民地を失う当時のイギリスであるグレートブリテン王国の人々に、動揺することなく日々の労働から果実を得ること、中庸の美徳を持つことを呼びかけ、「見えざる手」「労働の分割」というレトリックを説いたのでした。多くの人々に受け入れられる時代の物語、欲望のフィクションを編み出したというわけです。

大きく時代の枠組みが変わりつつある今、21世紀の「国富論」を描くような精神が求められているのかもしれません。

「付加価値」を高める市場の論理で「精神」を奪い合う時代がやってきた？

言わば「フィクション」の領域、「想像力」の領域で「付加価値」を生むということ、それを成長の源泉と捉えること。そこには、本当に判断が難しい、引き裂かれる思いがつきまといます。「自由」な市場の可能性と、それが「野放図」な取引に陥るというジレンマです。「自由」か「野放図」か、「素晴らしいアイデア」か？　それとも「反倫理的な行為」か？　それを誰が判断するのでしょうか？　自由なはずの市場の取引で、基準があいまいなままで過剰に倫理を説き強要することは、社会全体でむしろマイナスの効果を生んでしまうでしょう。だからこそ、個々の起業家が競争し、新しいビジネスを立ち上げる自由も可能性ももちろんありますが、社会全体としてどういう影響があるのか？　どういう方向に社会が変わっていくのか？　変化を楽しみながらも持続的に自律的に、考え続ける必要があります。

無形のサービスも、需要と供給のマッチング次第、取引が成立すれば、どんな形でも問題はないのが、市場の原則です。「ある時間、ある空間を過ごすことでの満足度」＝「感情」を売り買いすることに重きが置かれ、それらはすべて「商品」となります。

しかし、心、感情という商品には、当然特殊性があることに注意しなければなりません。一次産業、二次産業のように、生産物のアウトプットまでの作業、労働の過程が見えやすく、その価値も、価格も、合意しやすい「物」の売買とは異なる性質があります。体験、感情が「商品」になっているものほど、そのものの「使用」価値ではなく「交換」価値で、その本質的な価値が決まるという錯覚が生まれやすい、というわけです。そしてそれは、実際、錯覚などではなく、ポスト産業資本主義のシステムとしての本質だとも言えるのかもしれません。こうして売買が成立した「商品」は、買い手の「所有物」となりますが、同時に多分に主観的な、気持ち一つで、価値の浮き沈みが激しい傾向を持つことになるでしょう。

そしてその商品が「体験」「共感」などであった場合、市場の動きはそこだけでは終わりません。買い手は、感情を消費するだけでなく、その思いを周囲の人々にも伝え、ネットでも拡散させ、増幅させていくことでしょう。それが「すばらしかった」という喜びでも「ひどかった」という憤りでも、市場への影響を及ぼす意味では同じことです。こうしてまた、一つの心の動きが、「商品」の価値を変動させていくことになります。

あらゆるものが市場の交換価値の論理の中で展開し、その比重はどんどん高まっていくのです。体験、共感、感情……、人生における「かけがえのないもの」にもなり得る感情は、いつの間にか市場の中に飲み込まれ「交換可能」なものに置き換わる……、すべて、「商品」として、「消費財」となってしまいます。そして、その究極は、人生そのものが「商品」となるという、映画のストーリーともなりかねません。人生のすべてをリアリティショーとして生中継されていた男が主人公のブラック・コメディ、『トゥルーマン・ショー』さながらの世界です。その時、市場を上手に利用したつもりでいたはずの買い手も売り手も、自らの人生を、実は他人に利用されていたというオチが、待っているのかもしれません。

資本主義の市場にあって最も大切なことは？　真の自由とは？

それぞれが、それぞれの「欲望の物語」を自覚的に生み出す必要がある時代に、忘れたくないのは、資本主義における、市場における自由について考え続けた、ハイエクからの警告です。「新自由主義の教祖」と、本人にしてみれば、おそらくは全面的に否定したいであろうイメージを植え付けられてしまったハイエクですが、終生、人間社会にあっての自由の本質とは何か？　思索し続けた人物だったと言ってよいと思います。経済学者として、市場における経済行為の本質を探究したのはもちろんですが、同時に文明論的な問いとして、人間の精神、心の問題も考察し続けたのです。

その時、「合理的経済人」と称されるモデルに大いなる疑問を持ち続けていたのは有名な話です。ハイエクが「市場」の「自由」に価値を置いていたその深い思いは、以下の一文に端的に示されています。

真の個人主義の根本的な態度は、いかなる個人によっても設計されたり、理解されたりしたのではないのに、しかも個々人の知性を越えるまことに偉大な事物を人類が達成した諸過程に対する、謙遜の態度である。

（『市場・知識・自由―自由主義の経済思想―』
F.A.ハイエク　田中真晴／田中秀夫編訳）

「謙遜」とは、この場合、自らが意図する「合理性」の限界への想像力と言い換えても良いでしょう。どんなに優れた人間でも、「合理性」の名において考えることができるのは、高々「部分的な正解」であり、すべての世界を包摂《ほうせつ》するような〝全体としての正解〟など構想できない、とそう言うのです。

「部分最適」の総和は「全体最適」とはならない。それは、古くはソクラテスの「無知の知」を思い出させるものでもあります。さらに、こう続けるのです。

現時点における大いなる疑問は、**果して人間の知性はこの過程の部分として成長しつづけることを許されるのか、それとも人間理性がそれ自身のつくる鎖に繋がれるようになるのか**、ということである。個人主義がわれわれに教えることは、**社会が個人よりも偉大であるのは、社会が自由であるかぎりにおいてだけ**だ、ということである。

（同書　太字引用者）

ハイエクがこの文章を記した当時、「人間理性がそれ自身のつくる鎖」とは、人々の間に広がり始めていた「社会主義」への希求を意味していたわけです。もちろん、そのことは時代的な文脈において、きちんと理解し記憶にとどめておいたほうが良いでしょう。しかしその上で、21世紀も四半世紀を過ぎようとする今、この文章をフラットに読む時、さまざまな科学技術によってシステム化され、究極的にデジタル化された資本主義、大脳の情報処理に過剰に寄りかかった「脳化社会」への警告を想起させられるのは、なんとも皮肉な話です。デジタルの海の中で自ら思考を狭め、表層的な成長ばかりを願い続ける人々が増えているとしたら……。そこでどう立ち止まり、自分自身を見つめ直せるのかが問われています。

「必ずこれのみと断定するな」を忘れず同時に「務める」ということ

近年、ビジネスパーソンにとって、教養が、さらにはリベラルアーツが必要だと、よく言われるようになりました。資本主義を生き抜くためにこそ、美意識を鍛え、感受性を高め、なにより自ら考えることができる力が必要だ、というわけです。今までお話ししてきたような、歴史的パラダイム転換の時代、「富を生むルール」が変わりつつある状況ゆえの現象だと思いますが、今後の進むべきチャートを見失い、迷いを抱える人も増えているのだと思います。そして、いつの間にか、新たな知識や考え方を身につけねばならないと焦りを覚え、情報の海で溺れかかっている人々も増えているのかもしれません。

先行き不透明な転換期……、しかしそれは、考え方次第で、実に面白い時代になったものだという捉え方もできます。ＡＩが標準的な情報処理をこなしてくれるのであれば、それはツールとして利用し、独創的な世界で遊ぶこと、想像力を伸ばし、オリジナルなセンスを解放することで、自ずから次の仕事が生まれていく楽しさもそこにはあるはずなのです。物事にはさまざまなものの見方、考え方があり、解決法も一つではありません。激動の時代に飄々と柔軟に変化に対応した勝海舟に、〝必ずこれのみと断定するな〟という名言がありますが、まさにその精神がとても大切になってきます。

自らの心の内を見つめて、マズローの欲求五段階説に即してお話ししたように、本能の欲求から自己実現の欲望まで、滑らかな連続性をそこに見出しながら現実に対処できる、精神の柔軟性を発揮していただきたいと思います。いくらポスト産業資本主義に移行したからと言って、原初の生きるための欲求がなくなってしまうわけではありません。本当に自分自身が欲しているものは一体何なのか？　時に立ち止まりながら、時に座禅を組むような精神で、じっと自らの心を落ち着いて眺め、自分自身と対話するひとときが重要になるのだと思います。第3章でも紹介した、ダニエル・コーエンが遺してくれた「創造性が商品になる」時代への厳しいコメントがありましたが、そうした状況に対しても、ぜひ焦ることなく、内省の力で、強迫観念から解き放たれ、心の平穏を保っていただきたいと思います。

いつも穏やかな平衡感覚を失うことなく、仕事や人生を、社会との関係性において捉えること。その実現のために、「務め」という言葉が思い浮かびました。「勤め」でも「努め」でもなく、「務め」です。つまり、会社などに「勤め」るという意味でも、また頑張る意味で「努め」る、でもなく、「務め」です。「務め」という言葉の中には、社会との関係性の中で、自らがその任を負うことに意義を感じるニュアンスが含まれているように思えるからです。何のために働くのか？　その問いに、自分のためであり、社会のためであるという、自ずから両者を満たす橋を架けるような仕事の位置づけ、自らの価値を見つけ出す行為が重要になると僕は考えるのです。

そして「務め」は、もう一歩踏み込んで定義するならば、自らの尊厳を失わないために、矜《きょう》持《じ》を持って行う行為であるという表現もできるように思います。そうです。ここに至って、あの第1章の終盤にお話ししたテネット＝信条、すなわち矜持を持つ心と重なってくるのです。

「経済」と「文学」の狭間にあるのは？

さて、もう一つ、「欲望をめぐる物語」をご紹介してエピローグとしましょう。

本書でも何度か触れてきたヨーゼフ・シュンペーターは、「イノベーション」という概念を定義したことで有名です。資本主義は「創造的破壊」の繰り返しによって発展し成長する――。先行きの不透明感が高まり、課題先進国とも言われる日本にあって、「イノベーション」はブレークスルーを起こすためのキーコンセプトとして大人気で、今やさまざまな領域で唱えられる希望の言葉のようになりました。

そのイノベーションについて論じたシュンペーターの若き日の代表作『経済発展の理論』は、冒頭こんな但し書きから始まります。


社会的な事象は一つの統一的な現象である。研究者は、その巨大な流れのなかから経済的事実を無理やり取り出して、対象を秩序づける。**ある事態を経済的な事実と呼ぶこと自体がすでに抽象**である。現実を思想的に再現するためには、数多くの抽象を技術的におこなわなければならない。これは最初の抽象である。**一つの事実が、最終的な根拠にいたるまで排他的に、あるいは「純粋に」経済的にあることは決してない。**

（『経済発展の理論』シュンペーター著　八木紀一郎　荒木詳二訳　太字引用者）

「経済」の発展、成長の本質について分析する書は、冒頭、少々アイロニカルな書き出しで面喰らいます。「経済」の「発展」を可能にするものの本質を解き、さらに「成長」の中心にあってダイナミズムを生む「イノベーション」という概念を解き明かそうとする、言わば明るい未来に向かって野心的であるはずの書は、自らも含む分析者たちへの自戒、警告から始まるのです。そして、逆説的なレトリックに満ちた言い回しでこう続きます。

それはつねに他の側面を伴い、時にそちらの方が重要なこともある。にもかかわらず、私たちは、科学においても、日常生活のなかと同様に、同等の権利をもって経済的な事実について語る。それは、**一国民の文学がその国民の他のすべての要因と分かちがたく結びついているとしても、それらから切り離して文学の歴史を書くことができるのと同等の権利**

である。ここではそのような権利が行使されなければならない。探求の最後になってはじめて、私たちは冒頭の一文に立ち戻ることになるだろう。
(同書　太字引用者)

個人の主観による視点、着想、感性のみならず、社会の空気、時代の思潮が複雑に絡み合って生まれる文学。その文学の歴史を語るということは、この社会の中で人々の思索の営みを総体として捉え、解析する難事業であることに間違いありません。その分析の過程では、さまざまな抽象化が行われ、多くのものが取りこぼされていかざるを得ないのですから。

こうして、実は「経済」を語ることも「文学」を語ることに等しいと、シュンペーターは宣言します。文学において、主観的、文化的、感性的な領域を扱うのと同じぐらいの慎重さを持って抽象化に向かうことを説いて、ようやく「経済発展の理論」は始まるのです。ひとまずは「科学」の姿勢で「経済」現象の取り扱いを始めるが、しかし実はそれは、時に「文学」を語るにも似た行為であり、「科学」を目指し抽象化する過程で失われるものに対しても敏感であらねばならないと、自省を込めつつ、同時におそらくは、100年以上前の科学主義隆盛の時代に水を差すかのような批評を繰り広げます。

クセのある言い回しで、読者を思考の渦の中に投げ込むような文章ですが、その主張はシンプルで明晰です。そして「探求の最後」には、「社会的な事象は一つの統一的な現象である」

との認識に必ず「立ち戻る」ことを念押しするのです。科学的な分析を遂行しつつ、同時にその過程で行う抽象化に自己批判の目を向けるのです。「イノベーションの父」は、すでに若き日に、「経済」という概念の限界にも気づいていたと言えるのではないでしょうか。この姿勢こそ、現代のように資本主義のあり方が大きな曲がり角を迎えている時代に、変化し続ける怪物に向き合うために必要な、逆説的な姿勢だと思うのです。

ある時代の芸術は政治的な影響力を有するが、同様に政治も芸術に対する影響力をもつ。相対的に自立した発展のそうした相互影響関係から十分距離を置いて眺めるなら、一つの統一的な文化的発展が現れる。そうすることで私たちは、ものごとを硬直的な因果の連鎖から解放してそれらに生命力を取り戻させるのである。こうした文化的発展の総体的把握のなかで、経済もまたその一角を占めている。（同書）

芸術、政治、文化、経済……。さまざまな分野は「相対的に自立」しているとともに、絶対的な意味ですべては人間の活動であり、そこで形作られる社会である限り、つながっています。言ってしまえば当たり前のことですが、近代的な分析の挙句に、ともすれば分断化し自閉的な世界が生まれている今こそ、「硬直的な因果の連鎖から解放」し「生命力を取り戻させる」ため、必要な感覚なのかもしれません。

欲望の物語が動かす資本主義。

シュンペーターが言うように、経済とは、ある意味、時代の物語なのですから。

おわりに　あえて逆説を楽しむ思考への誘い

「時代の気分」「社会の空気」から少し身を反らして考えるということ

「次に楽できるのは、老後だよ」

1980年代半ば、就職活動を始めようという頃に大学時代の友人が呟いた言葉です。大学がレジャーランドとも言われたあの時代に、実は日本の多くの学生たちの心の底に潜んでいた、偽らざる本音だったのかもしれません。受験戦争から解放された最後の4年間のモラトリアムを経て、「モーレツ・サラリーマン」になる覚悟をする時が来た――。友人の顔は暗く真剣でした。就職氷河期世代のみなさんには贅沢な悩みだと叱られそうですが、終身雇用のニッポン株式会社からの「呼び出し」を目前に控え、「日本的雇用」と呼ばれた新卒一括採用、年功序列とともに、縁のあった一社で人生を終える覚悟を決めねばならないと思い込む悲愴感がそこにありました。

素直な諦念を口にした友人でしたが、それを聞いた僕は、仕事は単に生活の糧を得るための我慢だけを意味するのか？　と、なんとも言えない違和感を覚えたのを昨日のことのように思い出します。40年近い歳月をただ忍耐に費やすのか？　かりそめの安定と引き換えに一つの会社に囲い込まれるしか選択肢はないのか？……さまざまな異論が心に渦巻いたシーンです。

「誰もが自由に可能性を発揮できる社会がやって来ますね」

こちらは2000年代当初、インターネットが大きな希望をもたらす空気が世間に広がっていた時代に、後輩ディレクターが明るい声で口にした言葉です。世界のコンピューターが誤動作を起こすと言われた「2000年問題」も杞憂《きゆう》に終わり、バラ色のインターネット社会が語られ始めていました。誰でも、いつでも、どこでも――。「ユビキタス社会」などという言葉も流行し、ドットコム企業、インターネットバブルなどもありました。ITが時代を変える魔法のように多くの場で語られる、そんな時代の空気の中で、彼の言葉は、この頃の多くの人々の素直な感情を反映していたように思います。

しかし、僕はこの言葉にも違和感を抱きました。確かにコミュニケーションが劇的に広がり、社会にさまざまなつながりも便利さも、生まれるに相違ありません。ですが残念ながら、同時にカジュアルなネット上での出会いが思わぬねじれや衝突も生む可能性や、コミュニケーションにコストがかからなくなる利便性と引き換えに、生産性を上げる圧力も高まることなどがうっすらと頭をかすめていたからです。グローバル化とともに資本主義の論理が貫徹する以上、形を変えて利潤を生む欲望がアメーバのように蠢くイメージが湧き、彼の言葉に素直に頷くことはできませんでした。これから起きる余波を想像し、とても楽観はできないと感じたのです。

どちらも、時代状況とともに、強い記憶を残している言葉です。なんてアマノジャクな奴とあらためて思われた方もいらっしゃるかもしれませんが、「時代の気分」というものは、いつも悪気なく多くの人々を巻き込み「社会の空気」を形成していきます。そうした気分、空気などの目に見えない不思議な力に着目して、僕自身の半生を振り返る時、時代が大きく変わった前半と後半とで、それぞれを象徴するシーンだったとも言えそうです。そして僕自身は、どこかいつもそうした思い込みのように生まれる大勢の力学から少し身をズラし、自分なりの呼吸の仕方をしたいといつも考え続けてきました。

そうした感覚が、本書の考察でも、そのベースを成していることに読者のみなさんももうお気づきのことと思います。

「右肩上がり」は幸福か？「下り坂」は不幸か？「一身にして二生を経る」

人は、生まれる時代も場所も、選べません。

気がついた時には、ある「社会の空気」の中にすでにあり、その土壌、風土の中で、時に素直に、時に反発し、その精神が育まれていきます。

1962年生まれの僕の私的な感覚ですが、92年頃を境に、前半と後半のそれぞれ30年では、大袈裟に言えばまったく異なる「社会の空気」、異なる世間の価値観の時代を経験させてもらった気がします。江戸から明治という激変を経験した福澤諭吉に「一身にして二生を経る」という名文句がありますが、まさにそんな気分です。

そんなさまざまな時代時代の場面にあって、多くの人々がある種の思い込みのように流されていく気配には乗れない、どこかはぐれた気分を抱えながら、いつも生きてきたように感じます。決して好んでそんなスタンスを取ろうとしたわけではないのですが、前半の「右肩上がり」の時代にあってもすべて良いわけではないし、また後半の「下り坂」の時代にあっても、これまたすべて悲観すべきではないのではないかと、常に世間に漂う気分、時代の流れとは一歩引いたところで考えるような傾向が幼い頃からあったように思います。人生、何が良くて何が悪いか、わからない——そんな感覚をいつも持ちながら、人生のあれこれに向き合ってきました。

しかしあらためて今振り返ってみれば、これぐらいの感覚で時流に処すことが、資本主義というすさまじい力量を持つ巨大な渦に飲み込まれずに、フラットに付き合っていく秘訣でもあったような気がしています。たとえば70年代に少年期から思春期を過ごした時も、当時の大阪万博が象徴するように科学技術の発展によって一流の工業国となり、やがて80年代のバブルへと突入していく……、そうした時代の物語が生む空気の中にあっても、本当にこのまま進むのかという思いをどこかに抱えていました。実際、その後のバブル景気の時代も、当時の社会人世代の人々の心の底にもよく目を凝らして見れば少なからぬ揺れる想いがあったように思います。急に世界から褒めそやされ、経済大国と言われるようになった面映《おもは》ゆさとともに、本当にこの状態がどこまで続くのかという漠たる不安が混じり合った、不思議な時代の空気が確かにあったように感じるのです。昨日より今日、今日より明日という上向きの物語に慣れてしまえば、この列車に乗っている間はとりあえず大丈夫という感覚に多くの人が陥るものです。そして、みんな一緒であることで生まれる不安をどこか抑えこんでしまうものです。時代の寵児、ツービートのたけしさんから「赤信号、みんなで渡れば怖くない」という言葉が生まれたのも80年代だったことも象徴的です。

オルタナティブの思考――「逆説」に耐える視点と精神

一転して90年代、「降りられない」バブルの列車に急ブレーキがかかります。我が身を保ちきれず転ぶ乗客が続出します。あるフレームの中で捉えた時の「成功」が、逆説的に、他の部分に災いをもたらし「失敗」となるのはよくあることです。90年代後半には、日本経済の「自信喪失」という「社会の空気」が生まれ、今度は「日本的経営」の否定が叫ばれ始め、「グローバル・スタンダード」隆盛の時代を招き寄せます。市場原理と時を同じくして広がったITが地球上を全面的に包み込むかのような勢いに見えました。この「世界標準」の正当性が、さらに市場原理を加速させていくのです。当時も状況を冷静に捉えたならば、もう少し異なる現状への考え方、落ち着いた歩み方をすることもできるのではないかという思いが僕個人にはありました。しかし残念ながら80年代の右肩上がりの恩恵に浴した人ほどその「残像」が忘れられず、回復への夢に焦ってしまったように思います。そして95年という年に日本は、不幸にも阪神淡路大震災、地下鉄サリン事件という大惨事を立て続けに経験し、いよいよ精神的に萎縮していくことになってしまいました。右肩上がりの前半から、下り坂の後半へ、時代の空気の変化をいささか単純化して語ってしまいましたが、大事なのは現状に対して、また主流とされる考え方に対して、いつも自らの心にオルタナティブなものの見方を用意しておくことなのだと思います。

「禍福はあざなえる縄の如し」とは、本当によく言ったものです。さまざまな悪い状況が生まれる可能性や、最悪の事態も想定しておくからこそ、楽観的にもなれるのです。不安や焦りから早く決着したいあまりに闇雲に白黒つけようとすることが、さらに悪い事態を招くこともあります。さまざまなものの見方考え方を心の引き出しに用意し、多角度からの解決法の可能性を捨てないこと。

そうした姿勢で状況を丁寧に観察しじっくり考えたなら、善悪の判断も簡単にはできないことにも気づくことでしょう。何が良くて何が悪いのか、安易に答えを出してしまうのではなく、仮にすぐ答えが出なくても、その「わからない」という状態に対して、楽しめる余裕を持つことです。常に、そこに起こり得るパラドックスを頭に入れながら物事を考えるという姿勢は、この社会を生きていく時にとても大事なことと言えるでしょう。なぜなら、繰り返しお話ししてきたように、資本主義というものはパラドックスの連続でできている生命体のようなものだからです。そして、もう一つ、資本主義というシステム自体には、本来、善悪を判断する機能はないことも冷静に認識しておく必要があると思います。価値判断を挟まないシステムの中を生きているからこそ、僕らはお互いの尊厳を守ることを肝に銘じ、自らの矜持を持つことの大切さだけは忘れてはならないのです。スミス、ケインズ、マルクス、シュンペーター、ハイエク、ヴェブレン、カント、ウェーバー、オルテガ、リースマン、ボードリヤール、フロム、クライン、マズロー、老子、荘子、スティグリッツ、コーエン、セドラチェク、ガブリエル、そして岩井克人さん……本書に登場した時代の課題と格闘した先人たちも、この2020年代の資本主義の中を進むからこそ持つべき、ZEN的な平衡感覚、すなわち「21世紀の中庸」とも言うべき精神には同意してくれるのではないか……、そんなことを夢想します。

資本主義の最大にして最良の部分は、誰もが自由にさまざまな可能性を試せ、そこに自ずから新たな価値の創造が生まれることにあります。だからこそ、その意義を日々新鮮に自覚し、その理念を守り続ける精神が、今必要とされているのです。

最後にこの本の成り立ちについてもお話ししておきます。本書の企画をいただき、何回かにわたって、ライターの大野真さん、辰巳出版の小林智広さんをお相手に休日を利用して1回2時間程度、お話をさせていただきました。まず大野さんが拙い話を書き起こし構成してくださり、今一度僕が手を入れ再構成させていただきました。「はじめに」でもお断りしましたが、資本主義という厄介な相手について「語り」のスタイルで考えていくという趣向だけに、論理的に整理するというより行きつ戻りつ、多少の重複もそのままに、自由な連想を楽しむ構成を目指しました。意外と時間がかかってしまいましたが、辛抱強くお付き合いをいただいたお二人には心より感謝申し上げます。

『これからの時代を生き抜くための資本主義入門』という書名は、小林さんから提案されたものですが、この「生き抜く」という言葉一つでもいろいろと考えさせられました。実は、これから再考していくべきと本書でも指摘している「合理的経済人」のモデルを連想させることもあり少々抵抗感があったのです。本書を読んでくださったみなさんはすでにおわかりの通り、「生き抜く」という主体的、能動的な意味より、「生かされている」ことを実感することで「よく生きる」とでも表現すべき感覚を持つほうが、「これからの時代」にも実は本当の意味で適応できるのかもしれないのですから。ここにも逆説があるのですが、読者のみなさんが、表現の背後からそれぞれ独自の豊かなニュアンスを汲み出してくれると信じて、最終的にはご提案のままとしました。マズローの言葉にあったように、利己も利他も境目がない感覚を持つことで「生きる」、ZEN的な感受性が伝わることを願っています。

また原稿をまとめながら、古くは早稲田大学商学部での「現代社会とマスコミ」、博報堂「創造性の大学」、今も続く東京藝術大学での「社会哲学特講」、立教大学大学院社会デザイン研究科での「経済学と人間学」など、さまざまな学びの場での学生のみなさんとの対話から生まれた言葉が、いつもぐるぐると頭の中を回っていました。さまざまな貴重な問いを投げかけてくださったみなさんにも、心より感謝致します。

最後になって、もっと書きたかったと思うことも沢山あります。しかし今回はひとまずここまで。21世紀に入り四半世紀となる年の記録としてみなさんと思考のフレームを共有し、本書を手にとってくださった方が、少しでもご自身で考えるヒントとなれば幸いです。

なお「語りおろし」というスタイルということもあり、「経済学の巨人」たちの言葉の引用など、執筆時に並行していた連載と重なるところもあり、また過去の『欲望の資本主義』をめぐる著作などで展開した論考などとも一部重複するところもありますが、読みやすさを考え、あえてそのままとしました。以下が、参照箇所ないし関連する箇所がある書籍です。『ハザマの思考』（講談社）、『14歳からの資本主義』『14歳からの個人主義』（大和書房）、『働く悩みは「経済学」で答えが見つかる』（SB新書）、『欲望の資本主義1～5』『脱成長と欲望の資本主義』『岩井克人「欲望の貨幣論」を語る』（東洋経済新報社）。

また、本書で引用した主だった古典は以下になります。

第1章
『ケインズ全集2　平和の経済的帰結』ジョン・メイナード・ケインズ　早坂忠訳（東洋経済新報社）

第2章
『国富論 上・下』アダム・スミス　山岡洋一訳（日本経済新聞出版）
『資本主義・社会主義・民主主義』ヨーゼフ・シュンペーター　大野一訳（日経BP社）

第3章
『道徳形而上学原論』カント　篠田英雄訳（岩波書店）

『隷従への道』フリードリヒ・ハイエク　村井章子訳（日経BP社）

第4章
『孤独な群衆』デイヴィッド・リースマン　加藤秀俊訳（みすず書房）
『雇用・利子および貨幣の一般理論』J.M.ケインズ　塩野谷祐一訳（東洋経済新報社）
『大衆の反逆』オルテガ・イ・ガセット　神吉敬三訳（ちくま学芸文庫）
『消費社会の神話と構造』ジャン・ボードリヤール　今村仁司&塚原史訳（紀伊國屋書店）
『メラニー・クライン著作集5　羨望と感謝』小此木啓吾/岩崎徹也責任編訳（誠信書房）

第5章
『プロテスタンティズムの倫理と資本主義の精神』マックス・ヴェーバー　大塚久雄訳（岩波文庫）
『ケインズ全集14　一般理論とその後　第II部　弁護と発展』ジョン・メイナード・ケインズ　清水啓典/柿原和夫/細谷圭訳（東洋経済新報社）
『企業の理論』T.ヴェブレン　小原敬士訳（勁草書房）
『〔改訂新版〕人間性の心理学　モチベーションとパーソナリティ』A.H.マズロー　小口忠

彦訳（産業能率大学出版部）
『経済学・哲学草稿』マルクス　長谷川宏訳（光文社）
『市場・知識・自由─自由主義の経済思想─』F．A．ハイエク　田中真晴／田中秀夫訳（ミネルヴァ書房）
『経済発展の理論』J．A．シュンペーター　八木紀一郎　荒木詳二訳（日本経済新聞出版）

本書が、また新たな対話のきっかけとなれば幸いです。
資本主義も、欲望も、そして思考も、対話も終わることがないのですから。

2025年1月
丸山　俊一

丸山俊一（まるやま・しゅんいち）
NHK エンタープライズ　エグゼクティブ・プロデューサー／立教大学大学院特任教授／東京藝術大学客員教授。慶應義塾大学経済学部卒業後、NHK 入局、教養番組部ディレクター、チーフ・プロデューサー、編成局エグゼクティブ・プロデューサーなどを経て現職。「欲望の資本主義」「欲望の経済史」「欲望の時代の哲学」「世界サブカルチャー史 欲望の系譜」など、「欲望」をキーワードに現代社会を読み解くドキュメントを企画開発。「ソクラテスの人事」「仕事ハッケン伝」「英語でしゃべらナイト」「爆笑問題のニッポンの教養」「人間ってナンだ？超 AI 入門」「地球タクシー」「ネコメンタリー猫も、杓子も。」「新感覚教養トーク・プラッと」なども制作統括。ビジネスパーソンのためのリベラルアーツプログラム「LIBERARY」の映像制作にも携わる。著書に『ハザマの思考』（講談社）、『14 歳からの資本主義』『14 歳からの個人主義』（大和書房）、『働く悩みは「経済学」で答えが見つかる』（SB 新書）、制作班との共著に『欲望の資本主義１～５』『脱成長と欲望の資本主義』『岩井克人「欲望の貨幣論」を語る』（東洋経済新報社）、『マルクス・ガブリエル 欲望の時代を哲学する』『マルクス・ガブリエル 日本社会への問い』『AI 以後』（NHK 出版新書）他多数。

装丁・デザイン　勝浦悠介
図表作成　プラスアルファ（P46、P96、P111、P113、P134）

これからの時代を生き抜くための
資本主義入門

2025年2月15日　初版第１刷発行

著者　丸山俊一

発行人　廣瀬和二
発行所　辰巳出版株式会社
〒113-0033　東京都文京区本郷１丁目33番13号　春日町ビル5F
TEL 03-5931-5920（代表）
FAX 03-6386-3087（販売部）
URL　http://www.TG-NET.co.jp

印刷・製本　中央精版印刷株式会社

ISBN978-4-7778-3049-7 C0033